胡恒超 编著

HIIT

从入门到精通

经典型、反复冲刺型及TABATA训练法

19

16

13

10

8   RPE

人 民 邮 电 出 版 社

北 京

图书在版编目（CIP）数据

HIIT从入门到精通：经典型、反复冲刺型及TABATA训练法 / 胡恒超编著. -- 北京：人民邮电出版社，2022.7
ISBN 978-7-115-55476-5

Ⅰ. ①H… Ⅱ. ①胡… Ⅲ. ①健身运动—手册 Ⅳ. ①G883-62

中国版本图书馆CIP数据核字（2020）第249700号

免责声明

本书内容旨在为大众提供有用的信息。所有材料（包括文本、图形和图像）仅供参考，不能替代医疗诊断、建议、治疗或来自专业人士的意见。所有读者在需要医疗或其他专业协助时，均应向专业的医疗保健机构或医生进行咨询。作者和出版商都已尽可能确保本书技术上的准确性以及合理性，并特别声明，不会承担由于使用本出版物中的材料而遭受的任何损伤所直接或间接产生的与个人或团体相关的一切责任、损失或风险。

内 容 提 要

本书是一本系统讲解高强度间歇性训练（HIIT）的手册，全书共分为6个部分，分别阐述了HIIT基础知识、热身与拉伸、经典HIIT计划、反复冲刺型HIIT计划、Tabata法HIIT计划，并在附录中给出了训练计划表，内容浅显易懂，非常实用。本书适合广大健身爱好者和健身教练，尤其适合那些正在用高强度间歇性训练减肥的人群阅读。

◆ 编　著　胡恒超
责任编辑　李　璇
责任印制　周昇亮

◆ 人民邮电出版社出版发行　北京市丰台区成寿寺路 11 号
邮编　100164　电子邮件　315@ptpress.com.cn
网址　https://www.ptpress.com.cn
雅迪云印（天津）科技有限公司印刷

◆ 开本：700×1000　1/16
印张：13　　　　　　　　　2022 年 7 月第 1 版
字数：218 千字　　　　　2022 年 7 月天津第 1 次印刷

定价：59.80 元

读者服务热线：(010)81055296　印装质量热线：(010)81055316
反盗版热线：(010)81055315
广告经营许可证：京东市监广登字 20170147 号

本书视频使用说明

本书提供部分动作练习的在线视频，您可通过微信"扫一扫"，扫描书中的二维码进行观看。

（打开微信"扫一扫"）

Step1：点击微信聊天界面右上角的"+"，弹出功能菜单

Step2：点击弹出的功能菜单中的"扫一扫"进入该功能界面

Step3：对准书中二维码进行扫描

（通过微信"扫一扫"扫描书中二维码即可观看）

■ 如果您已关注微信公众号"人邮体育"，扫描后可直接观看该动作练习对应的在线视频。

■ 如果您未关注微信公众号"人邮体育"，扫描后会出现"人邮体育"关注页面。请根据说明关注"人邮体育"，并点击"资源详情"，即可观看视频。

目 录

HIIT 基础知识

热身与拉伸

经典 HIIT 计划

反复冲刺型 HIIT 计划

Tabata法HIIT计划

什么是Tabata法HIIT计划 140

初级训练计划...................144

中级训练计划...................156

高级训练计划...................168

附录

HIIT 基础知识

近年来，高强度间歇性训练（High-Intensity Interval Training, HIIT）吸引了越来越多的健身爱好者，它常被认为是一项比常规运动更为高效的训练方式，理由如下：

1. HIIT 可以有效减少皮下和腹部脂肪；

2. HIIT 可以在短时间内消耗热量；

3. HIIT 运动后身体会在一定时间内消耗氧气与游离脂肪酸。

本章，我们就来了解一下关于 HIIT 的基础知识吧！

什么是HIIT

　　HIIT是高强度间歇性训练的简称，是指于较短的时间内，进行连续性的高强度运动，每两次高强度运动之间的间歇期中，进行具备调节性和休息性意义的低强度运动。在一个完整训练时段的HIIT中，高强度运动的时段是没有次数规定的，根据自身的体能水平和动作强度制定适合的计划就可以。

HIIT的运动强度

　　HIIT属于高强度运动，同样的计划，在身体素质不同的训练者身上，感受的强度也是不同的，所以训练者最重要的是把握好运动强度。最大摄氧量VO_{2max}（V代表体积，O_2指氧气，Max是最大值）指人体在运动过程中每分钟能摄入氧气的最大体积。运动强度高于90%最大摄氧量的训练为高强度训练，强度越大，动作能够坚持的时间也就越短。最大摄氧量可以通过运动跑台、功率自行车、台阶测试和12min跑等方法进行测定。

　　此外，心率也可以用来评估强度，用心率评估方法如下。

　　心率手表测心率：在运动时可以用心率手表来实时测心率。

　　15s心率测试法：每次进行完HIIT后，都要立刻计算出15s内的心率（数15s的脉搏跳动次数即可），用所数的数值乘以4，就是身体1min的心率。

　　年龄法估算心率：最大心率=220－年龄。一个40岁的人，其最大心率=220－40=180（次/min），那么他运动后心率达到最大心率的85%～95%可以认定为高强度，约153～171（次/min）。

　　主观用力感觉（Rating of Perceived Exertion，RPE）指的是自我劳累分级表，它是一种利用主观感觉来推算运动强度的有效方法。训练者可以根据自我感觉用力程度衡量相对运动水平，也可以用Borg量表来表示等级划分。量表中的主观用力感觉数值越大，则代表运动强度越高。

　　目前用RPE与心率结合的方法评估运动量，是确定合理运动强度的最好方法。

HIIT 的好处和适用人群

HIIT 在提升有氧能力方面有很好的效果，此外，还能够减少身体内的脂肪堆积，提高胰岛素敏感性，消除自身炎症、提升血管内皮功能等。

HIIT 的好处

提升有氧能力

HIIT 的核心在于短时间内对身体中的大肌肉群进行高强度刺激，带动呼吸系统和血液循环系统，快速提高人体摄入氧气和输送氧气的能力，并通过对骨骼肌进行高强度刺激，提升骨骼肌利用氧气的能力。综合这两方面的因素，HIIT 可以使人体的有氧能力迅速得到提升。

以经典 HIIT 计划为例：该计划运动的强度相较于最大强度的间歇运动计划要稍低一些，其强度范围一般为 90%VO_{2max} 或最大心率的 85%~95%，运动时间一般控制在 3~4min，间歇时间为 3min，运动与间歇交替反复进行。这种强度的计划在科学研究中使用得较多，因此被称为经典 HIIT 计划，运动强度为中高强度，休息时间比较充分，以有氧供能方式为主。

减少身体内脂肪堆积

HIIT 综合了有氧运动与无氧运动。在高强度的无氧运动中，氧供给不能满足肌肉做功需要，肌肉会消耗大量糖原来维持运动。因此无氧运动可防止过多的糖原转变为脂肪，起到减脂作用。同时由于运动时身体会产生氧亏（指机体在运动中，所摄取的氧气量低于运动需求的氧气量），在运动停止后，机体的摄氧量不能立即恢复到运动前的水平，造成运动后过量氧耗。为了将运动后恢复期处于高水平代谢的机体恢复到正常水平的耗氧量，补偿体内亏损的氧气，在运动后我们还会消耗大量的脂肪，继续消耗能量，起到持续减脂的作用。同时 HIIT 的有氧运动能及时分解体内的糖分与脂肪，使新陈代谢速度加快。在这个过程中，体内的代谢垃圾可以快速排出体外，包括无氧运动中产生的乳酸，以促进身体快速恢复。

提高胰岛素敏感性

人体中胰岛素的主要功能是调节血液中葡萄糖的水平，使它保持在一个稳定的状态。但是人体的一些疾病，如高血脂、高血糖等会降低机体对胰岛素的敏感性，使胰岛素对葡萄糖的控制效率下降。HIIT是提升胰岛素敏感性的有效手段，在HIIT过程中和训练后的一段时间内，为了偿还运动中亏损的氧气，恢复正常代谢水平的耗氧量，身体会持续燃烧脂肪，消耗能量，增加血液中葡萄糖的利用率，以增强胰岛素敏感性。

消除自身炎症、提升血管内皮功能

我们体内的脂肪有三种类型，分别是白色脂肪、棕色脂肪和米色脂肪。这三种脂肪具有各自的功能，其中棕色脂肪能够帮助白色脂肪消除组织炎症。而HIIT能使棕色脂肪组织内的空泡减少，提升其工作效率，从而促进炎症状态的改善。

大量的研究发现，高强度的HIIT可以使Ⅰ型与Ⅱa型肌纤维中的毛细血管数量增加，调动肌纤维运动单位以增加氧脉搏。持续进行HIIT，毛细血管与肌纤维比率得到提升，心排血量、每搏输出量都会增大，心脏以及血管内皮功能得到改善。

HIIT适用人群

HIIT是结合了有氧训练与无氧训练的高强度训练，所以在一般情况下心率都会在短时间内达到最大心率的90%左右，对心肺功能要求比较高，因此比较适合健康且有一定运动基础的人群；心肺功能不良的人士不适合HIIT。

HIIT 分类

根据训练方法的不同，HIIT 计划可分为 3 种，分别是经典 HIIT 计划、反复冲刺型 HIIT 计划与 Tabata 法 HIIT 计划。

经典 HIIT 计划

经典 HIIT 计划是一种强度略低于最大强度的间歇训练的计划，运动强度一般为 90%VO_{2max} 或最大心率的 85%～95%。因为这种计划在科学研究中较为常见，故称为经典 HIIT 计划。一般经典 HIIT 计划的持续运动时间是 3～4min，间歇时间为 3min，以此为标准反复进行，供能方式主要是有氧供能。

反复冲刺型 HIIT 计划

这种计划是一种全力冲刺型间歇训练计划（Sprint Interval Training, SIT），强度为 100%VO_{2max} 以上。其全力运动持续的时间为 6～10s，动作间歇时间为 9～15s，运动与间歇交替进行，属于短时的高强度训练，供能方式主要是无氧供能。

Tabata 法 HIIT 计划

Tabata 训练计划是 1996 年日本的田畑泉博士制定的高强度训练计划（强度可达 170%VO_{2max}）。该计划具体步骤很简单：高强度运动持续时长为 20s，运动间歇 10s，如此交替重复 8 组，用时 4min。

训练前需要掌握的要素和事项

在进行HIIT前，我们要了解训练的6要素和6原则，以便更好地设计和进行训练。

训练的6要素

训练6要素包含了训练目的、训练类型、强度设定等要素，接下来我们就具体说明一下这些要素的内容。

训练目的

HIIT是一种高强度训练与低强度训练交替且重复进行的训练方式。该训练能够在较短的时间内，通过让身体以无氧和有氧的方式进行高强度运动来消耗能量。低强度训练（间歇训练）中的休息时间内，让肌肉恢复，然后反复进行交替训练，以达到减少体内脂肪堆积、消除自身炎症和提升血管内皮功能，同时提高胰岛素敏感性等目的。

训练类型

HIIT是结合了有氧运动与无氧运动的一种典型运动，拥有时间短、强度高的特点。其中有氧运动是指人体在氧气充分供应的情况下进行的强度低且富韵律性的体育锻炼。这种运动有利于身体脂肪的消耗，运动方式包含慢跑、跳绳和游泳等。

而无氧运动则与有氧运动的供氧方式相反，它是指做剧烈的运动时所吸入的氧气还没来得及作用，运动就已经结束了。短跑、百米冲刺和力量举等强度高且时间短的运动，就属于无氧运动。

HIIT中如果有氧训练占比较多，就为有氧运动；如果无氧训练占比较多，那就为无氧运动。

运动强度

HIIT 是高强度间歇训练。一般来说，85%VO_{2max} 以上的强度可以认定为高强度。强度越大，能持续运动的时间就越短。VO_{2max} 是人体的最大摄氧量，是体内各种组织和器官发挥作用、各种代谢能顺利进行的基础。

VO_{2max} 的测试主要有两种方法，即直接测试法和间接测试法。前者需要被测试者佩戴专门的仪器，在实验室内的跑步台上进行，最后得出数据；后者通过人体运动时的心率和运动中被测试者所做的功来测量。

引自Gunnar Borg，1998

主观用力感觉	主观感觉	运动强度 （VO_{2max}）	对应参考心率 （次/min）
6	安静，不费力		静息心率
7	极其轻松	40%	70
8		45%	70
9	很轻松	50%	90
10	轻松	55%	90
11		60%	110
12	有点吃力	65%	110
13		70%	130
14		75%	130
15	吃力	80%	150
16		85%	150
17	非常吃力	90%	170
18		95%	170
19	极其吃力	100%	195
20	筋疲力尽	105%	最大心率

训练时间

由于运动强度高，每次HIIT训练的时间不能太长，并且需要安排间歇时间休息，才能使运动保质保量地持续进行下去。总的原则是，运动强度越高，持续的运动时间就越短。例如，85%VO_{2max}强度持续运动时长一般不会超过4min，100%VO_{2max}强度持续运动时长在1min左右，105%VO_{2max}强度持续运动时长一般在30s左右；如果进行全力冲刺的运动强度，则持续时间在6~9s。

运动频率

一般来说，HIIT周频率控制在3次左右。因为每次进行HIIT后至少需要24小时的恢复时间，所以隔日进行一次最为理想。

注意事项

HIIT适合有一定运动基础的人。为了保障训练安全、顺利、有效地进行，在训练前后需要进行充分的热身与拉伸，在训练时循序渐进，量力而行。

训练的6原则

安全性原则

为了确保安全，训练前要进行热身，训练后要进行拉伸，热身与拉伸的时间都保持在5~10min；训练场地要整洁、没有杂物。

有效性原则

高强度训练虽然可以快速消耗体力，但如果不能保证训练质量，那么训练效果也会大打折扣。训练要保质保量，速度尽量快，动作幅度也要达标；还要保证足够的间歇时间，才能使训练更有效果。

个体化原则

每个人体质不同、体能水平不同，HIIT的计划也有区别，每个训练者都要根据自身的状况选择合适的训练计划。

专门性原则

即有目的、有方向地进行训练。专业运动员的锻炼目的是提升与专业技能相关的身体素质，想减脂的人士则注重脂肪和能量的消耗，想增肌的人则注重增大肌肉维度和雕刻肌肉线条。HIIT适合想要专门提升自身有氧能力、增加肌肉耐受力的训练者。

可行性原则

制定的HIIT计划要合理并可行，所选的动作强度太高或太低都达不到预期的目标，要与训练者的水平相符，并且可持续进行下去。

循序渐进原则

　　总体上，HIIT 要遵循循序渐进的原则，可以先从较低水平强度开始训练，在适应当前的训练后，再逐渐增加运动强度。

运动的过程性评价

　　运动的过程性评价，即在 HIIT 的整个运动过程，都要密切观察身体的各种状况，在确保身体安全的前提下进行训练，降低运动风险，避免运动损伤。

　　运动前，先评估自身的健康状况，包括健康筛查、医学评估、运动测试等，对自身的运动水平有一个整体的把握，尽量避开危险的情况，降低运动风险。

　　运动中，实时观察机体反应，包括心肺功能是否正常，以及训练者自身的体力是否属于可控状态，有没有感到疲惫。如果出现不好的状况，需要立即停止运动。总之要保障安全、有效地进行训练。

　　运动后，观察身体状况如何，呼吸是否急促，是否有过度疲劳现象，有没有过多的乳酸堆积而造成肌肉酸痛等。呼吸太过急促，或感到身体异常疲劳，都说明训练强度太高；出现比较严重的肌肉酸痛，需要在运动后进行适当的有氧运动，并进行拉伸，尽快将体内的乳酸排出。

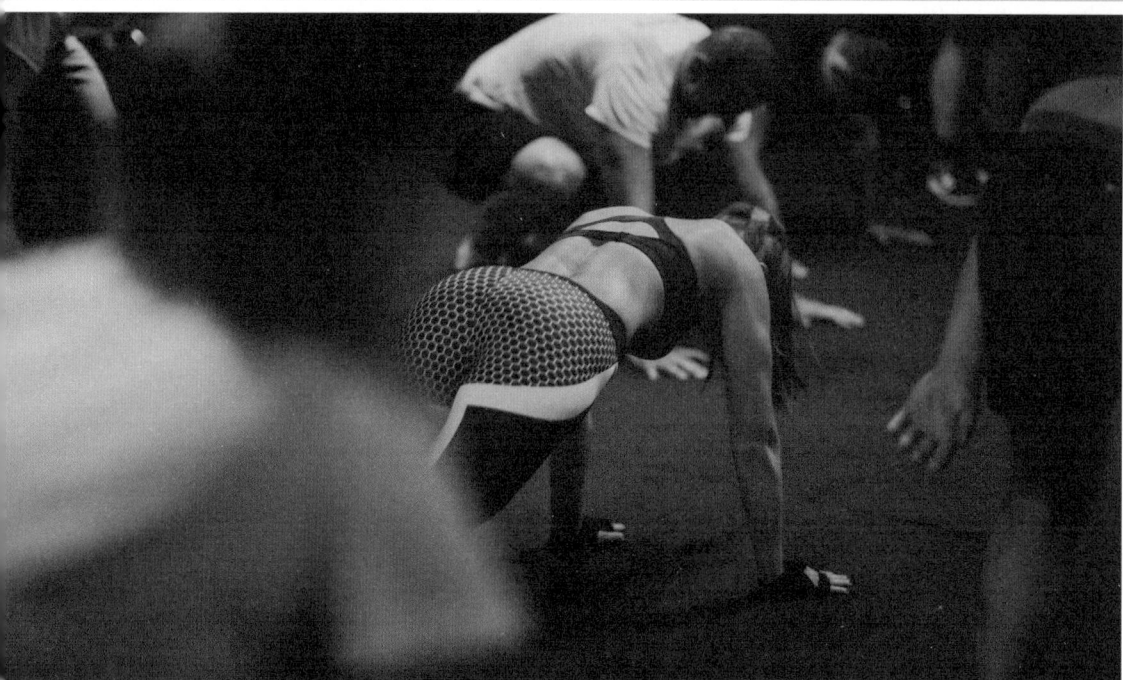

热身与拉伸

很多人在训练前后都会忽略热身与拉伸或觉得它们不重要，其实这样对身体的危害是极大的。在训练前后所做的热身与拉伸其实都是在帮助你更好地完成训练目标。

热身与拉伸的重要性和运动时间

　　运动前的热身可以让身体通过一些强度低的运动来唤醒肌肉，防止在运动时受到损伤；运动后的拉伸是为了舒缓运动后紧绷的肌肉，以增加肌肉的柔韧性。

　　这两者都是在HIIT中应该注意的事情。本节我们就来认识一下热身与拉伸的重要性和运动时间。

热身与拉伸的重要性

　　首先我们要知道热身是指在训练前用低强度的运动来唤醒我们的身体机能、提高心率，使我们的身体快速升温，从而更快地适应之后的训练。这有利于我们在训练中发挥出最佳的水平，还可以防止身体的肌肉和韧带受到损伤。

　　拉伸是指利用自身重力、身体姿势等方式使目标肌肉受到中等程度的拉伸，以改善关节灵活度与身体柔韧性。也就是说，训练后的拉伸能够有效缓解肌肉紧张、疲劳，在一定程度上促进肌肉的生长，同时又能保持身体的柔韧性。

运动时间

　　每次运动前至少要进行5~10min的低强度热身运动，包括肩部、腰背部、腿部的动态拉伸等；运动后则需要进行以静态拉伸为主的整理活动5~10min。热身时的动态拉伸保持时间不宜过长，3s左右即可；放松时的静态拉伸应保持20~30s，甚至更长时间。

热身动作

本节我们将针对身体各部位提供不同的热身方案，大家可以自行选择自己需要的热身动作来进行拉伸。

手臂动态拉伸

扶椅 – 手臂下压

扫一扫 看视频

双脚开立，
略宽于肩

① 双脚分开站立，间距略宽于肩。双手置于与髋同高的椅背上，躯干、下肢以及手臂均保持伸直状态。

训练目标
- 柔韧性

目标肌肉
- 胸大肌、胸小肌、三角肌前束、前锯肌

要点
- 拉伸时保持躯干以及手臂伸直

不适合人群
- 肩关节不适

背部呈一条直线

② 躯干下压，使肩关节被动屈曲至肩部前侧和胸部有牵拉感。回到起始姿势，重复规定的次数。

下压时呼气，同时跟随呼吸的节奏加大拉伸幅度

手腕旋转

扫一扫 看视频

❶ 抬头挺胸，目视前方，收紧下颌，双臂自然下垂，双腿伸直，臀部收紧，双脚分开与肩同宽。肩关节向两侧外展、肘关节屈曲，手指伸直分开、掌心朝下。

全程均匀呼吸

双脚平行站立，与肩同宽

❷ 全身保持不动，双手手腕先向内45°屈曲，再向外侧进行360°环绕。回到起始姿势，重复规定的次数。

手部向外侧进行360°环绕

训练目标
• 柔韧性、灵活性

目标肌肉
• 桡侧腕伸肌、尺侧腕伸肌、桡侧腕屈肌、尺侧腕屈肌

要点
• 动作过程中，整个身体保持不动，腰背挺直。

不适合人群
• 腕关节不适

肩部动态拉伸

手臂环绕

扫一扫 看视频

呈一条水平线

❶ 抬头挺胸，目视前方，收紧下颌，双臂自然下垂，双腿伸直，臀部收紧，双脚分开与肩同宽。

❷ 双手慢慢抬至胸前，屈肘屈腕，双手手背相对、指尖朝下，两前臂呈一条直线平行于地面。

手臂伸直

❸ 前臂由内而外向身前摊开，手臂伸直，掌心朝上。原路返回至手背相对的姿势，重复上述步骤至规定的次数。

训练目标
- 柔韧性、灵活性

目标肌肉
- 前臂肌群

要点
- 注意前臂的灵活性。

不适合人群
- 腕关节不适
- 肘关节不适

肩部画圈

身体保持 - - - 挺直

❶ 抬头挺胸，目视前方，收紧下颌，双臂自然下垂，双腿伸直，臀部收紧，双脚分开与肩同宽。

肩部缓慢 - - - 转动360°

❷ 两侧肩胛骨同时向前、向上、再向后，以肩关节为中心，缓慢转动360°。匀速转动，完成规定的次数。

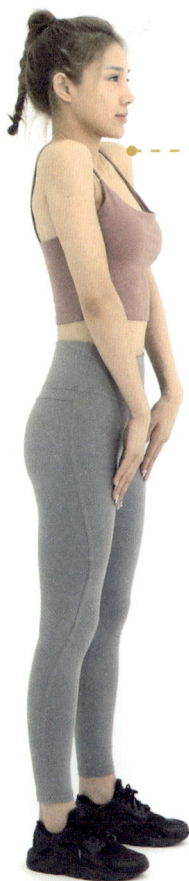

训练目标
- 柔韧性、灵活性

目标肌肉
- 肩部肌群

要点
- 重点体会肩的灵活转动。

不适合人群
- 肩关节不适

肩部向前绕环

肘关节朝下

训练目标
- 柔韧性、灵活性

目标肌肉
- 三角肌、斜方肌

要点
- 画圈幅度越大越好。

不适合人群
- 肩关节不适

❶ 抬头挺胸，目视前方，收紧下颌，双臂自然下垂，双腿伸直，臀部收紧，双脚分开与肩同宽。将双手搭在肩上，肘关节朝下。

全程均匀呼吸

肩关节外展
向前画圈

身体保持不动

❷ 将肩关节缓缓向外展开，然后手臂向前做画圈动作，循环至规定的次数。

腰背部动态拉伸

肩胛骨前伸后缩

臀部收紧 - - -

❶ 抬头挺胸，目视前方，收紧下颌，双腿伸直，臀部收紧，双脚分开与肩同宽。双手掌心相对，手臂向前伸直，与胸部齐平。

双臂伸直并平行于地面

保持双肩下沉 - - -

身体保持不动

训练目标

- 柔韧性、灵活性

目标肌肉

- 背部肌群

要点

- 保持双臂伸直，双肩下沉，通过肩胛骨的运动带动双手前后移动。

不适合人群

- 肩关节不适

❷ 两侧肩胛骨同时向后缩，向中间夹紧。再同时向前伸。保持相应的时间，完成规定的次数。

下背部动态拉伸

扫一扫 看视频

大腿贴近腹部

训练目标
• 柔韧性

目标肌肉
• 竖脊肌

要点
• 合理利用惯性滚动身体。

不适合人群
• 背部不适

❶ 平躺于垫子上，屈髋屈膝，将双膝放在胸前，抱住双腿，双手放于小腿上方。

上背部抬起时呼气

身体向脚的方向滚动

❷ 核心收紧，腿部发力，身体向脚的方向滚动，抬起上背部，然后再向头部方向滚动，抬起臀部。身体来回滚动 3 次，然后回到起始姿势。重复以上步骤至规定的次数。

上背部拉伸

扫一扫 看视频

手臂伸直，
十指相扣

脚尖朝前

❶ 收紧下颌，双臂自然下
垂，双腿伸直，臀部收
紧，双脚分开与肩同宽。

❷ 双手十指交叉相扣，双臂同时
内旋，并伸直至身体的最前方，
手臂垂直于躯干，掌心向外。

全程均匀呼吸

身体保持不
动，两肩同
时向前

❸ 两肩同时向前
移动，肩胛骨
前伸。完成规
定的次数。

训练目标
- 柔韧性

目标肌肉
- 屈腕肌群、菱形肌、斜方肌

要点
- 保持核心收紧，腰背挺直。手臂
  伸直，双肩向前伸展至最大幅度，
  重点体会背部的拉伸感。

不适合人群
- 腕关节不适
- 肩关节不适

025

中背部拉伸

扫一扫 看视频

背部保持挺直

训练目标
- 柔韧性、灵活性

目标肌肉
- 背阔肌、腰方肌、腹外斜肌

要点
- 全程保持核心收紧，背部挺直，均匀呼吸。动作不宜过快，注意感受肌肉的拉伸感。

不适合人群
- 脊柱不适

❶ 站姿，腰背挺直，双手叉腰，双脚分开略宽于肩。

转向一侧，直至对侧背部及腰部肌群有中等强度的拉伸感

背部保持挺直

全程均匀呼吸

❷ 背部保持挺直，并转向一侧，直至对侧背部及腰部肌群有明显的拉伸感，然后转向对侧至另外一侧背部及腰部肌群有中等强度的拉伸感。重复以上步骤至规定的次数。

腿部动态拉伸

竖叉动态拉伸

扫一扫 看视频

训练目标
- 柔韧性

目标肌肉
- 腘绳肌

要点
- 髋、膝、踝保持在同一直线上，动作过程中注意前脚脚跟着地，后脚脚尖点地。

不适合人群
- 膝关节不适
- 髋关节不适

后腿跪在垫子上，大腿与小腿呈90°

全程均匀呼吸

前腿伸直

① 双手撑在垫子上，手臂伸直垂直于地面并分开与肩同宽。前腿伸直置于双手之间，膝盖和脚尖方向一致朝前。后腿跪地，脚尖点地。

前后腿均为伸直状态

双腿之间夹角大于90°

② 躯干与前腿保持不动，后腿发力蹬地并伸直，此时前后腿均为伸直状态，双腿间夹角大于90°。前腿保持伸直不动，后腿回到起始位置。重复以上步骤至规定的次数。

蛙式动态拉伸

扫一扫 看视频

腰背保持挺直

呼气向后，吸气向前

双臂屈肘
撑住身体

训练目标
- 柔韧性、灵活性

目标肌肉
- 耻骨肌、长收肌、股薄肌

要点
- 蛙式动态拉伸速度不要太快。

不适合人群
- 髋关节不适
- 肩关节不适
- 肘关节不适

❶ 俯撑姿趴在垫子上，双臂屈肘撑于胸部下方，腰背挺直，双腿屈髋外展，大腿与躯干垂直，小腿与大腿垂直。

臀部后坐，使大腿内侧
肌群产生拉伸感

身体尽量贴近垫子

❷ 臀部向后下方坐，过程中使身体尽量贴近地面，直至大腿内侧肌群有中等强度的拉伸感，然后回到起始姿势。重复以上步骤至规定的次数。

前后踮脚尖

扫一扫 看视频

训练目标
- 柔韧性

目标肌肉
- 小腿肌群

要点
- 身体挺直，核心收紧。

不适合人群
- 肩关节不适
- 踝关节不适

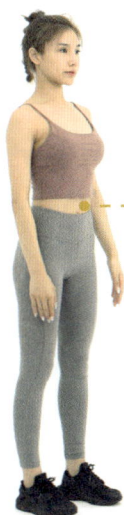

❶ 抬头挺胸，目视前方，收紧下颌，双臂自然下垂，双腿伸直，臀部收紧，双脚分开。

身体保持挺直

❷ 双臂垂直上举，位于头部两侧，两掌心相对，保持不动。保持身体稳定，缓慢踮起脚尖，将身体重心放置在前脚掌。

过程中保持身体挺直

❸ 缓慢回到全脚掌站立的起始姿势，再抬起前脚掌，用脚后跟着地。完成规定的次数。

脚尖着地

脚跟着地

臀部动态拉伸

前后摆腿

扫一扫 看视频

❶ 双脚呈平行站立，脚尖朝前，双腿伸直，收紧臀部，左手扶凳子靠背，右手置于右侧腰部。

- - - 身体保持挺直

训练目标
- 灵活性、柔韧性

目标肌肉
- 髂腰肌、股四头肌、臀大肌、腘绳肌

要点
- 支撑腿、摆动腿都保持在伸直的状态。

不适合人群
- 髋关节不适
- 腰部不适

直膝抬腿至右腿高于髋部

顺势伸髋直腿后抬至最大幅度

尽量保持骨盆稳定，不要前后倾斜过多

❷ 上身保持不动，用左腿支撑身体，右腿直膝向前抬腿至胸前高度。

❸ 顺势伸髋后抬至最大幅度。左右交替进行，完成规定的次数。

臀部动态拉伸

训练目标
- 柔韧性

目标肌肉
- 臀大肌

要点
- 专注于体会臀部肌肉的拉伸感。

不适合人群
- 膝关节不适
- 髋关节不适

- - - 身体保持挺直

❶ 双脚呈平行站立并与肩同宽，脚尖朝前，双腿伸直，收紧臀部，双臂自然下垂。

- - - 一侧腿支撑，对侧腿屈膝抬起

❷ 一条腿屈膝抬起，双手抱住该侧腿的小腿，身体保持稳定。

- - - 支撑腿踮起脚尖的同时，双臂将对侧腿拉向身体

❸ 双手将被拉伸腿向躯干用力按压，同时支撑腿踮脚尖，感受臀肌的拉伸感。被拉伸腿落地，换至对侧重复以上动作。重复以上步骤至规定的次数。

- - - 脚尖着地

031

臀部外侧动态拉伸

扫一扫 看视频

❶ 抬头挺胸，目视前方，收紧下颌，双臂自然下垂，双腿伸直，臀部收紧，双脚间距与肩同宽。

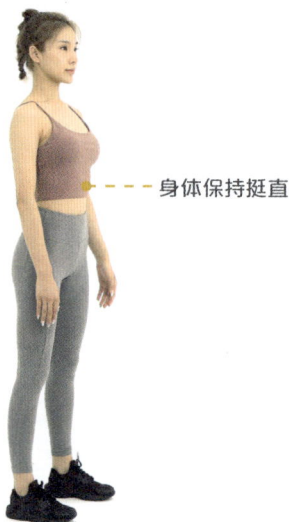

- - - - 身体保持挺直

训练目标
- 柔韧性

目标肌肉
- 臀大肌、臀中肌、臀小肌

要点
- 核心收紧，腰部保持直立。

不适合人群
- 髋关节不适
- 膝关节不适

- - - - 支撑腿保持挺直

- - - - 臀部外侧肌群产生拉伸感

❷ 对侧腿屈髋屈膝并用双手分别抱住该腿膝盖与脚踝上方，身体重心移到站立的腿上。

❸ 双手将腿向该侧肩膀方向用力拉伸，直至该侧臀部外侧肌群有中等强度的拉伸感，然后放松回到步骤2。重复规定的次数。

拉伸动作

这节中的动作以静态拉伸为主，下面我们为大家介绍一些常见的静态拉伸运动，以供大家参考和学习。

肩部拉伸

坐姿-三角肌后束拉伸

训练目标
- 柔韧性

目标肌肉
- 三角肌

要点
- 拉伸过程中躯干保持挺直。

不适合人群
- 肩关节不适
- 肘关节不适

躯干保持挺直

❶ 正坐在椅子上，双脚平放在地面，挺直躯干，头部面向躯干正前方。

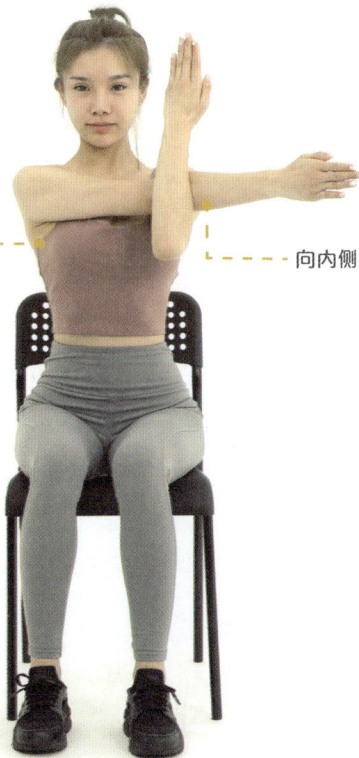

向内侧拉伸

过程中躯干保持挺直

❷ 右手移向左肩，左侧肘关节弯曲，托住右手臂，左前臂用力，将右手臂向躯干方向拉，至右肩后侧肌肉有明显的牵拉感。

向上拉伸

扫一扫 看视频

训练目标
- 柔韧性

目标肌肉
- 胸肌、背阔肌

要点
- 全程保持核心收紧，身体挺直。

不适合人群
- 肩关节不适

- - - - 身体保持挺直

❶ 站姿，双脚略微分开，双臂自然放于身体两侧。

胸部至背部两侧 - - - - -
肌群产生拉伸感

过程中身体
保持挺直

❷ 双手伸直至头顶，十指交扣，掌心向上。手臂和脊柱同时向上伸，直至胸部及背部两侧肌群有明显的拉伸感，保持该姿势至规定的时间。

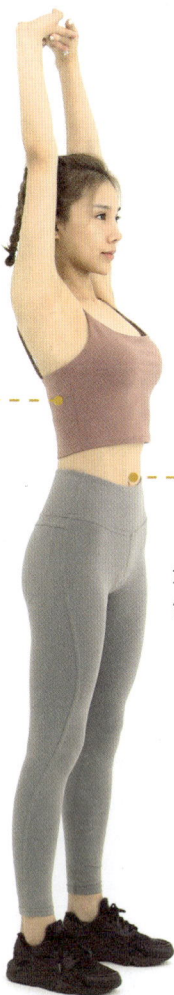

站姿－三角肌后束拉伸

训练目标
- 柔韧性

目标肌肉
- 三角肌

要点
- 全程保持核心收紧，腰背挺直。

不适合人群
- 肩关节不适
- 肘关节不适

腰背保持挺直 ----

❶ 身体呈站立姿势，挺直腰背，双臂贴在身体两侧，双脚开立与肩同宽。

头部转向被拉伸 ----
手臂方向

---- 保持规定时间

❷ 一侧手臂伸直平行于地面，对侧手臂弯曲并用肘关节卡住伸直的手臂的前臂，然后屈臂侧前臂，将伸直侧手臂朝躯干方向拉，直至伸直的手臂肩部外侧肌群感受到中等强度的拉伸感，头部转向被拉伸手臂方向。保持该姿势至规定的时间。换至对侧重复以上步骤。

手臂拉伸

手腕伸肌拉伸

扫一扫 看视频

躯干保持挺直

训练目标
- 柔韧性

目标肌肉
- 桡侧腕伸肌、尺侧腕伸肌

要点
- 动作过程中，整个身体保持不动，躯干挺直。

不适合人群
- 腕关节不适

❶ 坐姿，躯干挺直，大小腿呈90°，小腿垂直于地面，双脚相距与肩同宽或略宽于肩，脚尖朝前，两腿膝关节的指向应与脚尖一致，两侧肩关节同时前屈，一侧手臂伸直且手掌下压，另一侧手放在伸直手的手背处。

过程中身体保持不动

用力向内按压

❷ 另一侧手发力，缓慢将伸直手的手掌拉向躯干，直至伸直手的前臂有中等强度的牵拉感，保持一定的时间。回到起始姿势，重复规定的次数。

手指对抗伸展

训练目标
- 柔韧性

目标肌肉
- 拇短屈肌、拇长屈肌

要点
- 动作过程中，整个身体保持不动，腰背挺直。

不适合人群
- 指关节不适

---- 腰背保持挺直

❶ 坐姿，腰背挺直，大腿与小腿呈90°，小腿垂直于地面，双脚相距与肩同宽或略宽于肩，脚尖朝前，膝盖和脚尖方向一致。五指相对，肘关节向外打开，双臂置于胸前。

---- 双手相对发力

---- 过程中身体保持不动

❷ 肩关节外展，保持腕关节固定不动，双手相对发力，使两掌心合拢。回到起始位置，重复规定的次数。

手指拉伸

扫一扫 看视频

腰背保持
挺直

训练目标
- 柔韧性

目标肌肉
- 屈指肌群

要点
- 腰背挺直，核心收紧，躯干稳定。

不适合人群
- 腕关节不适
- 指关节不适

❶ 双脚相距与肩同宽，坐在椅子上，双肘置于膝关节处，腰背挺直，头部处于中立位。

过程中身体
保持不动

❷ 双肘放在膝关节处，掌心朝下，手掌伸直，五指用力分开并向上伸。完成规定的次数。

五指用力分开
并向上伸

小臂前侧拉伸

训练目标
- 柔韧性

目标肌肉
- 腕屈肌群

要点
- 肘关节不要弯曲，手掌伸直。

不适合人群
- 腕关节不适

- - - - 躯干保持挺直

❶ 收紧下颌，双臂自然下垂，双腿伸直，臀部收紧，双脚分立与肩同宽。双臂向前平举，手掌朝上。

- - - - 四指发力压
向躯干方向

过程中身体 - - -
保持不动

❷ 一侧手臂伸腕，使手掌朝前，对侧手握住被拉伸手的四指，然后将四指压向躯干方向，直至被拉伸手臂的手腕前侧肌群有明显的拉伸感，保持该姿势至规定的时间。

肱三头肌拉伸

扫一扫 看视频

❶ 抬头挺胸，目视前方，收紧下颌，双臂自然下垂，双腿伸直，臀部收紧，双脚分立与肩同宽。

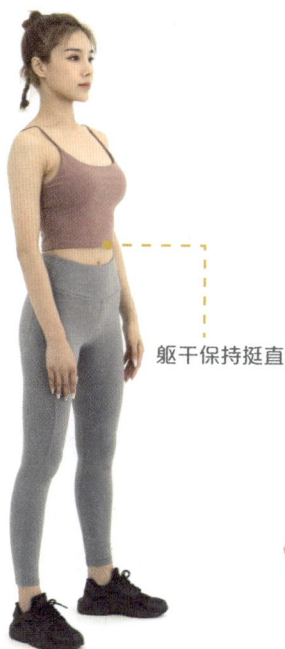

躯干保持挺直

训练目标
- 柔韧性

目标肌肉
- 肱三头肌

要点
- 集中精神，专注于体会肱三头肌的拉伸感。

不适合人群
- 肩关节不适
- 肘关节不适

手臂放置在脑后

向被拉伸手臂的对侧伸展至最大幅度

❸ 左手将右肘向左下方拉至最大幅度，保持一定的时间。回到初始姿势，换至对侧重复以上步骤。

过程中身体保持不动

❷ 右侧手臂弯曲，肘关节置于脑后，小臂自然下垂，同时左手抓住右肘。

向后肱二头肌拉伸

训练目标
- 柔韧性

目标肌肉
- 肱二头肌

要点
- 全程保持核心收紧，躯干挺直。

不适合人群
- 肩关节不适
- 腕关节不适

拉伸时呼气，
还原时吸气

躯干保持挺直，
全程核心收紧

❶ 双脚分立与肩同宽，脚尖朝前，收紧腹部，躯干挺直，收紧下颌，双臂在身后伸直，十指交叉，手掌朝下。

双手相对发力

手臂同时
向后抬高

❷ 向后上抬高双臂至最大幅度。直至手臂前侧感受到中等程度的拉伸，恢复到起始姿势。完成规定的次数。

041

肱三头肌侧向拉伸

扫一扫 看视频

训练目标
- 柔韧性

目标肌肉
- 肱三头肌

要点
- 集中精神，专注于体会肱三头肌的拉伸感。

不适合人群
- 肩关节不适
- 肘关节不适

① 抬头挺胸，目视前方，收紧下颌，双臂自然下垂，双腿伸直，臀部收紧，双脚分开与肩同宽。

躯干保持挺直

抓住被拉伸手的肘部上方

将手臂拉向对侧

③ 将被拉伸手臂拉向对侧至最大幅度，回到起始姿势，两侧手臂交替进行拉伸。完成规定的次数。

② 一只手搭在对侧肩上，另一只手抓住被拉伸手的肘部上方，辅助发力，将被拉伸的手臂向对侧拉。

侧平举肱二头肌拉伸

训练目标
- 柔韧性

目标肌肉
- 肱二头肌

要点
- 注意手臂伸直水平向后伸展。重点体会肱二头肌的拉伸感。

不适合人群
- 肩关节不适

全程均匀呼吸

双臂向后伸展

过程中身体保持不动

❶ 双脚平行站立相距与肩同宽，脚尖朝前，收紧臀部，抬头收紧下颌，双臂垂放于身体两侧。

❷ 双臂侧平举，同时手臂内旋至拇指朝下，水平向后伸展至最大幅度。回到起始姿势，完成规定的次数。

颈、腰背部拉伸

斜方肌拉伸

躯干保持挺直

扫一扫 看视频

训练目标
- 柔韧性

目标肌肉
- 斜方肌

要点
- 注意保持身体平衡。

不适合人群
- 颈椎不适

❶ 坐于垫子上，自然屈髋屈膝，挺直躯干。一侧手掌放在该侧臀部下方压住，对侧手臂举过头顶并抱头。

过程中躯干保持不动

向手臂方向拉伸

❷ 抱头的手将头部向该侧手臂方向斜下压，直至被拉伸侧颈部与肩部间肌群有中等强度的拉伸感，保持该姿势至规定的时间。换至对侧重复以上步骤。

坐姿-上背部拉伸

扫一扫 看视频

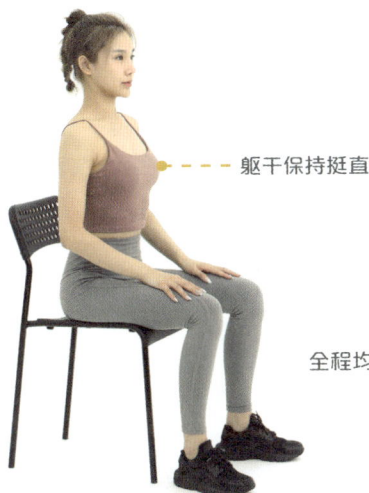

躯干保持挺直

全程均匀呼吸

训练目标
- 柔韧性

目标肌肉
- 菱形肌

要点
- 注意感受上背部肌群的拉伸感。

不适合人群
- 腕关节不适

❶ 正坐在椅子上，脚尖朝前，双脚分开，脚间距与肩同宽，抬头目视前方。

上背部弓起

双臂向前伸展

❷ 双手十指交叉相扣，双臂前平举，掌心向外。

❸ 双手用力向身体正前方伸展，两肩同时向前伸，肩胛骨前伸，上背部弓起。完成规定的次数。

坐姿-背阔肌拉伸

扫一扫 看视频

背部保持挺直

双腿分开与肩同宽

训练目标
- 柔韧性

目标肌肉
- 背阔肌

要点
- 全程保持躯干在矢状面内运动。

不适合人群
- 肩关节不适

❶ 正坐在椅子上，双腿分开与肩同宽，双脚贴于地面，挺直背部，头部面向躯干正前方。

手臂举过头顶

手臂向对侧伸展，带动躯干侧屈

❷ 一侧手臂伸直举过头顶并向对侧伸展，带动躯干向对侧侧屈。恢复到起始位置，换至对侧重复以上步骤。重复规定的次数。

臀部拉伸

坐姿－臀大肌拉伸

扫一扫 看视频

扶住被拉伸者肩部

全脚掌着地

全程均匀呼吸

训练目标
- 柔韧性

目标肌肉
- 臀部肌群

要点
- 全程保持背部挺直。

不适合人群
- 髋关节不适

❶ 坐于垫子上，屈髋屈膝，一侧腿全脚掌着地，对侧腿搭放在着地腿的大腿上，背部挺直，双臂伸直在身体两侧地面做支撑。搭档单膝跪立于被拉伸者身后，双手扶住被拉伸者的肩部。

手臂向前推

全程保持
背部挺直

❷ 搭档用力将被拉伸者的身体向前推，此时被拉伸者臀部肌群应有中等强度的拉伸感，保持该姿势至规定的时间。

坐姿 – 梨状肌拉伸

扫一扫 看视频

全程背部保持挺直

训练目标
- 柔韧性

目标肌肉
- 梨状肌

要点
- 若在某一位置感觉疼痛，则该位置为训练者当前的最大拉伸范围。

不适合人群
- 膝关节不适
- 髋关节不适

❶ 正坐在椅子上，一侧腿脚踝搭在对侧腿膝盖上。背部挺直，双手放在抬起的腿的膝盖和脚踝上，头部面向躯干正前方。

身体下压时呼气

上半身前倾

臀部产生
拉伸感

❷ 保持背部平直，上半身向前倾，直至臀部深层肌肉有明显的拉伸感，保持该姿势至规定的时间。换至对侧重复以上步骤。

坐姿 - 臀部拉伸

扫一扫 看视频

全程均匀呼吸

全程保持背部挺直

训练目标
- 柔韧性

目标肌肉
- 臀大肌

要点
- 全程保持背部挺直。

不适合人群
- 髋关节不适

❶ 坐于垫子上，双腿伸直并拢平放在垫上。蜷起一侧腿并把脚放在对侧腿的膝盖外侧，两臂同时抱住蜷起的腿，双手十指相扣，扶在膝盖下方。保持身体稳定。

将腿拉向躯干

保持该姿势至规定的时间

❷ 双手缓慢用力将被抱住的腿拉向躯干。注意在拉伸的过程中被拉伸的腿臀部后侧应感觉到中等强度或舒适程度的拉伸感，保持该姿势至规定的时间。回到起始姿势，换至对侧重复以上步骤。

4字－臀部拉伸

收紧臀部 ---

训练目标
- 柔韧性

目标肌肉
- 臀中肌、梨状肌、臀大肌

要点
- 拉伸时保持背部挺直，同时支撑腿稳定支撑于地面。

不适合人群
- 膝关节不适
- 髋关节不适

❶ 站立位，双脚间距同肩宽，双臂自然下垂置于体侧。

背部保持挺直 ---

臀部产生拉伸感 ---

❷ 右脚支撑于地面，左腿髋关节旋外，同时屈髋屈膝，将脚踝搭在右大腿上，双手支持于左侧膝关节和小腿近踝关节处。背部挺直，屁股后坐，身体前倾，下蹲至左侧臀部有拉伸感。然后换至对侧，重复上述的动作，完成一次完整动作。重复规定的次数。

腿部拉伸

坐姿－腿部后侧拉伸

扫一扫 看视频

全程均匀呼吸

全程核心收紧

训练目标
- 柔韧性

目标肌肉
- 腘绳肌、小腿后侧肌群

要点
- 全程保持核心收紧，挺直背部。

不适合人群
- 膝关节不适
- 髋关节不适

❶ 正坐在椅子上，臀部只与椅子表面的前半部分接触，身体朝向正前方。保持一侧腿不动，另一侧腿伸直向前，用脚后跟撑地，脚尖后勾。

保持该姿势至规定的时间

勾起脚尖

❷ 保持背部平直，双手叠放于大腿上，屈曲髋关节使躯干向前并向下移，双手沿伸直的大腿向小腿方向缓慢下移，直至被拉伸腿后侧肌群有明显的拉伸感，保持该动作至规定的时间。换至对侧重复以上步骤。

坐姿 – 体前屈

扫一扫 看视频

全程均匀呼吸

背部保持挺直

训练目标
- 柔韧性

目标肌肉
- 腘绳肌、小腿后侧肌群

要点
- 膝关节不要弯曲，背部保持平直。

不适合人群
- 髋关节不适
- 腰椎不适

❶ 坐于垫子上，双腿伸直并拢平放在垫子上，脚部与地面垂直。

背部保持平直

膝关节不要弯曲

❷ 挺直背部，身体向前倾，同时伸直双臂并用双手抓住脚尖，双手可以用力将脚尖向后拉，辅助拉伸。注意在拉伸的过程中，被拉伸腿的后侧肌群应感觉到中等强度或舒适程度的拉伸感，保持该姿势至规定的时间。

坐姿－髋内收肌群拉伸

扫一扫 看视频

全程保持背部挺直

前倾时呼气

训练目标
- 柔韧性

目标肌肉
- 大收肌、短收肌、长收肌、耻骨肌、股薄肌

要点
- 全程保持背部挺直。

不适合人群
- 膝关节不适
- 髋关节不适

❶ 坐于垫子上，挺直背部，双腿足底相对，双膝展开指向身体两侧，双手扶在双脚脚尖处。

躯干向前弯曲

保持该姿势至规定的时间

❷ 身体向前倾，至髋内收肌群有明显的拉伸感，保持该姿势至规定的时间。重复规定的次数。

坐姿－腘绳肌拉伸

扫一扫 看视频

全程均匀呼吸

腿部伸直

训练目标
- 柔韧性

目标肌肉
- 腘绳肌

要点
- 全程保持伸直腿侧膝盖、脖子和背部挺直。

不适合人群
- 髋关节不适
- 膝关节不适

1 坐在垫子上，伸直一条腿，双手握住伸直腿的脚尖，挺直背部。将对侧腿的脚底贴在伸直腿的大腿内侧，呈自然放松状态。

过程中保持伸直腿侧的膝盖、脖子和背部挺直

一条腿伸直，对侧腿弯曲放松

2 保持脖子、背部和伸直腿侧膝盖的挺直。用双手将脚尖拉向身体方向，直至大腿后侧肌群有明显的拉伸感，保持该姿势至规定的时间。换至对侧重复以上步骤。

坐姿－小腿拉伸

全程均匀呼吸

躯干保持挺直

训练目标
- 柔韧性

目标肌肉
- 腓肠肌、比目鱼肌

要点
- 被拉伸的腿膝关节不要弯曲。

不适合人群
- 膝关节不适
- 髋关节不适

❶ 坐姿，躯干挺直，垂直于地面。双腿并拢且伸直，脚尖向上。

将脚尖掰向身体

挺直腿不要弯曲

❷ 蜷起一侧腿并使大腿与躯干贴合，同时用这一侧手臂抱住蜷起的腿。保持身体稳定。另一侧腿伸直，同侧手臂向前伸，轻轻扶住该侧腿的脚尖底面，并开始施力将脚尖掰向躯干，保持该动作至规定的时间。注意在拉伸的过程中被拉伸的腿膝关节不应弯曲并且应感觉到小腿后侧有中等强度或舒适程度的拉伸感。

坐姿-抬脚尖

扫一扫 看视频

全程均匀呼吸

背部保持挺直

训练目标
- 柔韧性

目标肌肉
- 比目鱼肌

要点
- 背部挺直。

不适合人群
- 踝关节不适

① 正坐在椅子上，脚尖朝前，双脚分开与肩同宽，面向前方。

全脚掌着地

头部面向躯干正前方

过程中身体保持不动

② 双脚脚跟不动，脚部背屈至最大幅度，放回。重复规定的次数。

脚跟不动，脚尖向上勾至最大幅度

站姿－大腿前侧拉伸

扫一扫 看视频

背部保持挺直

❶ 身体呈站立姿势，脚尖朝前，双脚分立，双臂伸直贴在身体两侧。

训练目标
- 柔韧性

目标肌肉
- 股四头肌

要点
- 拉伸过程中髋部前挺。

不适合人群
- 膝关节不适
- 髋关节不适

背部保持挺直，全程核心收紧

手用力将脚拉向臀部

❷ 背部挺直，髋部前挺。左腿支撑，右腿弯曲，右大腿保持与地面垂直，右手抓住右脚脚背，将其往臀部方向拉，至大腿前侧有拉伸感，对侧手自然下垂。然后换另一侧重复以上步骤。最后恢复起始姿势，重复该动作至规定的次数。

站姿－屈髋肌拉伸

全程核心收紧

全程保持均匀呼吸

① 身体呈站立姿势，双脚略微分开，腰背挺直，双臂自然放在身体两侧。

训练目标
- 敏捷性、灵活性

目标肌肉
- 股四头肌、髂腰肌

要点
- 全程核心收紧。

不适合人群
- 膝关节不适
- 踝关节不适

保持该姿势至规定的时间

下蹲呈弓步

② 先将一侧腿向前跨步，同时身体下降呈弓步姿势，然后身体继续下降，直到大腿及臀部前侧肌群有明显的拉伸感，保持该姿势至规定的时间。换至对侧重复以上步骤。

经典 HIIT 计划

选择适合自己的训练计划，可以快速改善健康和体形，并提高自身的运动表现。下面给大家介绍几种 HIIT 的经典计划，这些动作能够有效锻炼我们身体的各个部位，大家可以选择适合自己的计划进行练习。

什么是经典HIIT计划

经典HIIT计划的动作非常多，不同的动作能够起到的锻炼效果也是不一样的。不同的运动健身体系，动作也有所区别，下面我们就来了解一下经典HIIT计划的标准和要求吧！

计划适用的人群

经典HIIT计划不同于低强度的有氧运动，无法覆盖大部分的健身者，以下是不建议进行经典HIIT计划的人群。

（1）患有心脏病、代谢功能紊乱等疾病的人群。

（2）运动中会出现恶心、胸闷、气短、突发性晕厥等症状的人群。

（3）患有呼吸道疾病的人群。

（4）过于肥胖的人群或高龄人群。

（5）初期身体各项机能较弱的健身人士。

（6）孕妇和低龄人群。

除以上几种人群外，原则上其他人群均适用经典HIIT计划。

经典HIIT计划的运动形式

经典HIIT计划在实施时，需要全身大量肌群同时参与运动，通过肌肉收缩做功。主要发力部位为下肢，上肢则进行配合，共同致力于做功的最大化。

经典HIIT计划作为高强度间歇训练中强度较低的一种，既可单独进行，也可以在力量练习后进行。

运动的强度范围

在进行经典HIIT计划时，高强度阶段的RPE等级应在16~18的范围内，运动强度固定在85%~95%VO_{2max}的范围内。RPE的等级越高，所训练的动作强度也就越大，减脂的效果也越突出。

RPE是主观用力感觉分级，以训练者的主观感受为依据，共分为15级。它由瑞典心理学家Brog制定，又被称为Borg主观疲劳感觉分级量表。

引自Gunnar Borg，1998

主观用力感觉	主观感觉	运动强度 （VO_{2max}）	对应参考心率 （次/min）
6	安静，不费力		静息心率
7	极其轻松	40%	70
8		45%	70
9	很轻松	50%	90
10	轻松	55%	90
11		60%	110
12	有点吃力	65%	110
13		70%	130
14		75%	130
15	吃力	80%	150
16	非常吃力	85%	150
17		90%	170
18		95%	170
19	极其吃力	100%	195
20	筋疲力尽	105%	最大心率

最大摄氧量（Maximal Oxygen Uptake，VO_{2max}）是指人体在进行最大强度的运动时，在身体到达极限时所能摄入的氧气的体积。利用最大摄氧量可以判定自身有氧运动的能力，这个数据一般用于赛跑、长距离自行车等耐力运动员的选拔。

VO_{2max}直接测定判定标准：

1. 摄氧量持恒，不再增加；

2. 成人呼吸商>1.10，少儿呼吸商>1.00；

3. 心率大于180次/min。

当三种情况中任何两种情况出现时可确定当时的摄氧量为VO_{2max}。

运动时间的安排

经典HIIT是高强度训练和间歇循环的简称，间歇＝低强度训练（休息或慢走等）。它不是一种运动，而是一种训练方式。根据强度高低，训练的时间也不同，通常情况下做10~20min就可以很好地消耗脂肪，不需要进行太长时间。高强度训练和间歇时间比为2∶1，新手建议1∶2。

适合的运动频率

运动频率可以根据自身的体能条件来进行相应的调整。如果体能条件允许，且需要短期内快速提高训练水平，经典HIIT可以每天进行1次，时长为2~3周，并在2~3周后恢复到正常的运动频率，也就是一周3~6次，以免身体超负荷运动而出现损伤。在进行HIIT时，每周至少留出一天时间休息，最佳的运动频率是3次/周，隔一天进行一次。

注意事项

运动前的热身

经典HIIT的强度大，休息时间短，所以在开始前需要进行热身运动来唤醒身体，避免训练过程中身体承受不了。

在进行训练前，我们往往会过于相信自己的运动能力，忽略身体是否做好了准备，这往往导致我们在训练中出现各种意外和损伤。所以，在了解了自己的运动水平后，还需要在高强度训练前让身体中的肌肉和血液"热"起来，这样可以使我们快速进入状态，保护身体各部位不受到损伤。

在进行经典HIIT之前，可以先进行5~10min的低强度有氧热身运动，包括身体各部位的动态拉伸。这些动作可以激活身体肌肉，增大各关节的活动范围，然后再开始真正的训练。在运动结束后，再进行如慢跑和拉伸等整理活动5~10min，这可以有效缓解肌肉酸痛、快速消除疲劳感。

在有效地控制运动速度的前提下，提升运动强度

在进行正式的经典HIIT时，要在1min内通过提高运动的速度和增大动作的幅度来使心率达到靶心率正常范围内并坚持预定的时间。靶心率正常范围是最大心率的60%~80%，可以依据此项数据来判断该运动是否为有氧运动。计算靶心率的公式：靶心率＝（220－年龄）×（60%~80%）。

要想将经典 HIIT 做好，一定要把握好运动强度和动作间的间歇时间。如果只增加间歇时间，而不提升强度，那效果便会大打折扣。

计划的动作可循环使用

大部分的经典 HIIT 计划都是循环的，为了方便记忆动作，计划中的动作可以在一次训练中交替使用。

运动的时长要适度

经典 HIIT 计划的运动时长要遵循循序渐进、量力而行的原则，在初期的 1~2 周中，要将每组运动的时间设置在 3min 起步，动作间的间歇时间也为 3min，重复组数为 3 组起。在后期的训练中逐渐根据自身能力来增加运动时间和组数。我们需要知道，运动的时间并不是越长越好，过度运动更不利于身体的恢复，还会影响下一次的训练。

了解自己的身体极限

经典 HIIT 是强度极高的运动，如果你在运动过程中出现严重的心悸、头晕、恶心甚至呕吐等现象，应该立即停止运动，或者减少组数和时长，以免造成不可逆的损伤。

初级训练计划

经典HIIT可以以多种形式进行，这里我们列出适用于初级阶段的训练计划。初级计划中的训练计划1、训练计划2和训练计划3按照从简到难的顺序排列，需要循序渐进地进行练习。本节的计划频率为每周进行3次，训练前后搭配5~10min的低强度热身和拉伸运动。

训练计划使用方法

1. 热身：选择并进行5min的有氧热身。

2. 正式开始：训练正式开始。

3. 组数：选择4个动作为1组，每组动作的运动时间为3~4min，循环完成3~5组，组间休息3min。

4. 时间：整个训练的运动时间为9~20min。

5. 拉伸：训练结束后，注意拉伸。

训练计划1

时间	周一	周二	周三	周四	周五	周六	周日
动作名称	高抬腿 肘触膝 防守侧滑步 俯卧 – 侧抬腿	休息	高抬腿 肘触膝 防守侧滑步 俯卧 – 侧抬腿	休息	高抬腿 肘触膝 防守侧滑步 俯卧 – 侧抬腿	休息	休息
组/次数	3组		4组		5组		
间歇	休息3min		休息3min		慢走3min		
运动时间	9~12min		12~16min		15~20min		
运动强度（VO_{2max}）	85%		90%		95%		
主观用力感觉	16		17		18		

高抬腿

扫一扫 看视频

① 身体呈站立姿势，双脚的间距与肩同宽，腰背挺直，双臂自然垂于身体两侧。

全程保持均匀呼吸

腰背挺直，不要弯曲

训练目标
- 敏捷性、灵活性

目标肌肉
- 股四头肌、臀大肌、腘绳肌、腓肠肌、比目鱼肌、核心肌群

要点
- 注意腰背挺直，核心收紧。
- 蹬地的一瞬间速度要快。
- 蹬腿、摆臂时动作一定要迅速有力。

不适合人群
- 膝关节不适
- 踝关节不适

③ 左右两侧手臂和腿交替进行该动作，重复规定的次数。

② 身体微微向前倾斜，然后快速上提左膝，右腿向后用力蹬地发力，双臂分别向相反方向摆动。

肘触膝

训练目标
- 力量

目标肌肉
- 腹部肌群、股四头肌

要点
- 躯干主动蜷缩。
- 背部挺直，核心收紧。

不适合人群
- 背部疼痛
- 膝关节不适

❶ 站姿，双脚开立距离大于肩宽，背部挺直，双臂自然放在大腿两侧。

❷ 一侧手叉腰，对侧手臂则伸直上举过头顶。

身体保持直立

提膝上抬

❸ 手臂伸直的一侧屈髋屈膝，从前侧方向上提膝，同时该侧手臂屈肘并下降，使肘关节与提起的膝盖相碰。回到站姿，换至对侧，重复以上步骤至规定的次数。

防守侧滑步

扫一扫 看视频

❶ 双脚分开，间距同肩宽或略宽于肩。屈膝屈髋，俯身至躯干与地面呈约45°。上臂靠近身体两侧，双肘弯曲，前臂放于胸前，掌心相对握拳。

训练目标
- 爆发力、速度

目标肌肉
- 髋外展肌群、髋内收肌群

要点
- 动作过程始终保持背部挺直且稳定。

不适合人群
- 髋关节不适
- 膝关节不适
- 踝关节不适

❸ 然后换方向，向另外一侧移动，完成一次完整动作。重复规定的次数。

背部呈一条直线

膝盖不要超过脚尖

向右滑

❷ 背部保持平直，肩胛骨下沉、后缩，手臂保持不动。左腿蹬地，右腿跟随移动，身体向右侧滑步移动。

俯撑-侧抬腿

扫一扫 看视频

身体尽量呈一条直线

❶ 俯身，四肢支撑在垫子上，挺直躯干，双臂伸直，双手间距同肩宽，垂直于地面，双腿分立，脚尖着地。

❷ 一侧腿向后伸展至最大幅度。

上抬

手臂垂直于地面

训练目标
• 力量

目标肌肉
• 臀大肌、腘绳肌、核心肌群

要点
• 核心收紧，躯干保持稳定。
• 下肢移动的过程中，保持单腿的稳定支撑。

不适合人群
• 髋关节不适

❸ 向外侧伸展至最大幅度，然后回到支撑状态，换另一侧腿伸展。重复规定的次数。

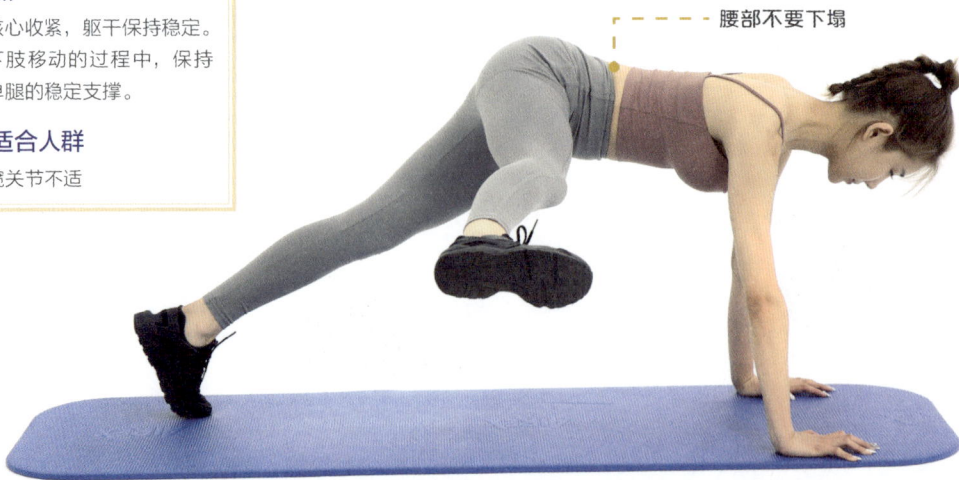

腰部不要下塌

训练计划使用方法

1. 热身：选择并进行5min的有氧热身。

2. 正式开始：训练正式开始。

3. 组数：选择4个动作为1组，每组动作的运动时间为3~4min，循环完成3~5组，组间休息3min。

4. 时间：整个训练的运动时间为9~20min。

5. 拉伸：训练结束后，注意拉伸。

训练计划2

时间	周一	周二	周三	周四	周五	周六	周日
动作名称	高抬腿触地 登山者 火箭跳 侧向－跳跃	休息	高抬腿触地 登山者 火箭跳 侧向－跳跃	休息	高抬腿触地 登山者 火箭跳 侧向－跳跃	休息	休息
组/次数	3组		4组		5组		
间歇	休息3min		休息3min		慢走3min		
运动时间	9~12min		12~16min		15~20min		
运动强度（VO_{2max}）	85%		90%		95%		
主观用力感觉	16		17		18		

高抬腿触地

❶ 收紧下颌，双臂自然下垂在身体两侧，双腿伸直，臀部收紧，双脚分开，脚间距与肩同宽。

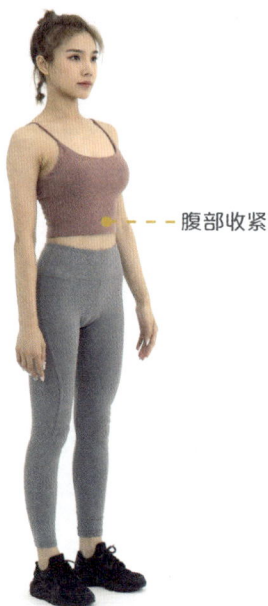

------ 腹部收紧

训练目标
- 爆发力、力量

目标肌肉
- 股四头肌、臀大肌、腘绳肌、腓肠肌、比目鱼肌、核心肌群

要点
- 注意后背挺直，核心收紧。
- 蹬地的一瞬间速度要快。
- 蹬腿、摆臂时动作一定要迅速有力。

不适合人群
- 膝关节不适
- 踝关节不适

全程保持均匀呼吸

- - - 快速抬起一侧腿

原地深蹲

大腿平行于 - - -
地面

❷ 快速抬起左腿，同时右腿快速蹬地发力，右臂向前摆，左臂往后摆，身体可向前微微倾斜。随后快速交换左右两侧的动作。

❸ 恢复到起始姿势，原地深蹲，大腿蹲至与地面平行，同时保持后背挺直，俯身，单侧手臂伸直并触地。快速站起，回到起始姿势。重复规定的次数。

登山者

身体呈一条直线

脚尖着地

① 俯身，四肢支撑于垫子上，腹部收紧，躯干挺直，双臂伸直撑起，上肢垂直于地面。

训练目标
- 爆发力、力量

目标肌肉
- 腹直肌、髂腰肌、股四头肌、臀大肌

要点
- 动作过程始终保持腹部收紧，躯干保持挺直。

不适合人群
- 膝关节不适
- 髋关节不适

腹部收紧

发力时呼气

快速屈髋屈膝

② 身体呈一条直线，腹部收紧。一侧腿快速屈髋屈膝至同侧手臂后方，然后伸直，同时另一侧腿快速屈髋屈膝，交替进行该动作。重复规定的次数。

火箭跳

扫一扫 看视频

❶ 抬头面向前方，收紧下颌，双臂自然下垂，双腿伸直，臀部收紧，双脚并拢。

训练目标
- 敏捷性、灵活性

目标肌肉
- 股四头肌、臀大肌、腓肠肌、比目鱼肌

要点
- 腾空时，腿部伸直。
- 下蹲时膝盖不要超过脚尖。

不适合人群
- 膝关节不适
- 踝关节不适

手臂伸直 - - -

双脚并拢

❷ 臀部后坐，身体前倾，双臂伸直后摆，呈深蹲姿势。

❸ 双腿快速蹬伸，同时双臂迅速向前、上方摆动，快速向上跳起。落地时双腿略弯进行缓冲。重复规定的次数。

侧向－跳跃

后背挺直

膝和脚尖方向一致

❶ 宽距深蹲姿势，后背挺直，膝和脚尖方向
　一致，一侧手放于双腿之间。

训练目标
- 爆发力

目标肌肉
- 臀大肌、股四头肌、腓肠肌、比目鱼肌

要点
- 跳跃过程中膝和脚尖方向保持一致。

不适合人群
- 膝关节不适
- 髋关节不适

向同侧手方向跳跃

❷ 下肢发力蹬伸，向触地手的一侧
　跳跃，然后换另一侧重复上述步
　骤。重复规定的次数。

训练计划使用方法

1. 热身：选择并进行5min的有氧热身。

2. 正式开始：训练正式开始。

3. 组数：选择4个动作为1组，每组动作的运动时间为3~4min，循环完成3~5组，组间休息3min。

4. 时间：整个训练的运动时间为9~20min。

5. 拉伸：训练结束后，注意拉伸。

训练计划3

时间	周一	周二	周三	周四	周五	周六	周日
动作名称	高抬腿跳绳 俯卧－腿后伸 开合跳 侧向蹬腿跳	休息	高抬腿跳绳 俯卧－腿后伸 开合跳 侧向蹬腿跳	休息	高抬腿跳绳 俯卧－腿后伸 开合跳 侧向蹬腿跳	休息	休息
组/次数	3组		4组		5组		
间歇	休息3min		休息3min		慢走3min		
运动时间	9~12min		12~16min		15~20min		
运动强度（VO_{2max}）	85%		90%		95%		
主观用力感觉	16		17		18		

高抬腿跳绳

扫一扫 看视频

❶ 抬头挺胸，目视前方，收紧下颌，双臂自然下垂，双腿伸直，臀部收紧，双脚分立同肩宽或略宽于肩。

训练目标
- 爆发力、力量

目标肌肉
- 股四头肌、臀大肌、腘绳肌、腓肠肌、比目鱼肌、核心肌群

要点
- 注意身体挺直，核心收紧。
- 蹬地、抬腿时动作一定要迅速有力。

不适合人群
- 肩关节不适
- 肘关节不适
- 髋关节不适
- 膝关节不适
- 踝关节不适

❷ 保持身体重心稳定，然后快速抬起左腿，屈膝至腹部，同时右腿蹬地发力，双臂展开在身体两侧，做摇绳的动作。

膝盖尽量抬高

保持身体重心稳定

❸ 随后快速交换左右腿。一次换腿，跟着做一次模拟摇绳。

俯卧-腿后伸

保持俯卧姿势

全程均匀呼吸

❶ 趴在垫子上，躯干保持中立位，双手掌心交叠向下，垫在额头正下方。

训练目标
- 力量

目标肌肉
- 臀大肌、腘绳肌

要点
- 重点体会臀大肌的收缩发力。

不适合人群
- 髋关节不适

一侧腿向后伸展
至最大幅度

躯干保持稳定，
核心收紧

❷ 身体核心收紧，随后臀部肌肉发力，抬起一侧的腿至最大幅度。换至另一侧重复以上步骤至规定的次数。

开合跳

扫一扫 看视频

躯干保持挺直

手臂上摆至头顶

全程均匀呼吸

1 抬头面向前方，收紧下颌，双臂自然下垂，双腿伸直，臀部收紧，双脚分立与肩同宽。

跳起时腿部自然分开，落地缓冲时，腿部相距宽于肩

训练目标
- 爆发力、力量

目标肌肉
- 股四头肌、臀大肌、腘绳肌、腓肠肌、比目鱼肌、核心肌群

要点
- 上下肢摆动要协调。
- 起跳时要快速有力，核心收紧。
- 落地时应适当屈髋屈膝缓冲，但膝关节不超过脚尖。

不适合人群
- 肩关节不适
- 膝关节不适
- 髋关节不适
- 踝关节不适

2 腿部发力，快速蹬地，垂直跳起，手臂上摆至头顶，双手掌心相对，同时双腿自然分开，使身体充分伸展。落地时脚尖先着地，适当屈髋屈膝进行缓冲。准备再次起跳，重复规定的次数。

侧向蹬腿跳

扫一扫 看视频

躯干与地面
呈约45°

发力时呼气，还原时吸气

足部全脚掌着地

训练目标
- 爆发力、速度

目标肌肉
- 臀大肌、髋外展肌群、股四头肌、腓肠肌、比目鱼肌

要点
- 跳跃过程中膝和脚尖方向保持一致。

不适合人群
- 膝关节不适
- 髋关节不适
- 踝关节不适

❶ 屈膝屈髋呈四分之一蹲姿势，双脚并拢，躯干与地面呈约45°。双臂屈曲于胸前，握拳且掌心相对。

腹部收紧

一侧腿向另外一侧蹬地，对侧腿向外迈一步

发力腿跟进一步

❷ 背部保持平直，腹部收紧，手臂保持不动。一侧腿蹬地，对侧腿向外迈一步，同时发力腿跟进一步，依次移动。然后换方向，向另外一侧移动。重复规定的次数。

中级训练计划

　　经典HIIT中的中级计划的动作难度相较于初级计划要稍高一些，可以作为初级计划的进阶版。

训练计划使用方法

　　1. 热身：选择进行5min的有氧热身。

　　2. 正式开始：训练正式开始。

　　3. 组数：选择3~4个动作为1组，每组动作的运动时间为3~4min，循环完成2~3组，组间休息3min。

　　4. 时间：整个训练的运动时间为9~20min。

　　5. 拉伸：训练结束后，注意拉伸。

训练计划1

时间	周一	周二	周三	周四	周五	周六	周日
动作名称	简化波比收腹跳 四分之一蹲 – 平移跳 弓步蹲跳 宽窄距 – 深蹲跳	休息	简化波比收腹跳 四分之一蹲 – 平移跳 弓步蹲跳 宽窄距 – 深蹲跳	休息	简化波比收腹跳 四分之一蹲 – 平移跳 弓步蹲跳 宽窄距 – 深蹲跳	休息	休息
组/次数	3组		4组		5组		
间歇	休息3min		休息3min		慢走3min		
运动时间	9~12min		12~16min		15~20min		
运动强度（ VO_{2max} ）	85%		90%		95%		
主观用力感觉	16		17		18		

简化波比收腹跳

扫一扫 看视频

1 抬头挺胸，目视前方，收紧下颌，双臂自然下垂，双腿伸直，臀部收紧，双脚分开，略宽于肩。

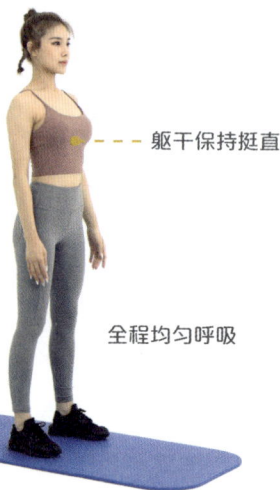

躯干保持挺直

全程均匀呼吸

训练目标
- 爆发力、力量

目标肌肉
- 全身肌肉

要点
- 动作过程中要保持身体重心稳定。

不适合人群
- 肩关节不适
- 膝关节不适
- 髋关节不适

身体呈一条直线

双腿同时向后伸直至最远端

2 下蹲，双手撑地，双脚向后跳，四肢撑地呈俯卧撑姿势，腹部收紧，腰背挺直，双臂垂直于地面。

用力向上跳起

双腿尽可能贴近胸前

3 双脚向前跳回，双手离开地面，身体向上用力跳起，快速上抬双腿，使双腿尽可能贴近胸前。回到起始姿势，完成规定的次数。

四分之一蹲-平移跳

扫一扫 看视频

躯干与地面
呈约45°

双臂屈曲
于胸前

训练目标
- 爆发力

目标肌肉
- 臀大肌、臀中肌、股四头肌、腓肠肌、比目鱼肌

要点
- 发力和单脚支撑地面时，膝盖和脚尖方向要一致朝前。

不适合人群
- 膝关节不适
- 踝关节不适

❶ 四分之一蹲姿势，双脚略分开，躯干与地面呈约45°。双臂屈曲于胸前，手部握拳相对。

目视前方

腹部收紧

手臂保持不动

❷ 背部挺直，腹部收紧，手臂保持不动。重心左移，左腿蹬地，右腿抬起，随后反方向重复该动作，交替进行，最后回到起始姿势。全程保持重心处于四分之一蹲的高度。重复规定的次数。

发力时呼气，支撑或还原时吸气

弓步蹲跳

扫一扫 看视频

起跳时呼气，身体
下落时吸气

全程核心收紧

屈髋屈膝下蹲

训练目标
- 爆发力、力量

目标肌肉
- 股四头肌、臀大肌、腘绳肌、腓肠肌、比目鱼肌、核心肌群

要点
- 全程核心收紧。
- 下肢蹬地要用力。
- 腾空时身体保持稳定。
- 落地时注意缓冲。

不适合人群
- 膝关节不适
- 髋关节不适
- 踝关节不适

❶ 双脚前后呈弓步下蹲，脚尖朝前，收紧下颌，双臂在胸前屈曲，两拳相对。前腿缓慢屈膝下蹲，保持身体重心稳定，后腿膝关节接近地面时，前腿快速发力蹬地跳起。

手臂保持不动

跳起后，空中
交换腿，落地
顺势下蹲

❷ 腾空后，在空中交换腿。落地缓冲，顺势向下蹲，蹲至后腿膝关节快触地时，再次跳起，空中换腿。两侧交替进行，完成规定的次数。

宽窄距－深蹲跳

扫一扫 看视频

收紧臀部

① 抬头挺胸，目视前方，收紧下颌，双臂自然下垂，双腿伸直，臀部收紧，双脚分开宽于肩。

训练目标

- 爆发力、力量

目标肌肉

- 股四头肌、臀大肌、腘绳肌、腓肠肌、比目鱼肌、核心肌群

要点

- 保持核心收紧，腰背挺直。
- 下蹲时臀部微高于膝关节，这有利于起跳发力。
- 整个跳跃过程中，保持蹲姿，躯干、髋关节保持稳定，下肢开、合移动。
- 注意跳跃时脚尖点地。

不适合人群

- 髋关节不适
- 膝关节不适
- 踝关节不适

双臂屈曲

快速起跳，双腿快速并拢再快速向两侧打开

② 屈膝下蹲至臀部略高于膝关节，双臂屈肘置于胸前，两拳相对。保持下蹲的状态，快速起跳，双腿快速并拢，再快速向两侧打开。回到起始姿势，重复规定的次数。

训练计划使用方法

1. 热身：选择并进行5min的有氧热身。

2. 正式开始：训练正式开始。

3. 组数：选择4个动作为1组，每组动作的运动时间为3~4min，循环完成3~5组，组间休息3min。

4. 时间：整个训练的运动时间为9~20min。

5. 拉伸：训练结束后，注意拉伸。

训练计划2

时间	周一	周二	周三	周四	周五	周六	周日
动作名称	双腿－踢臀跳 俯卧－后伸腿 弓步蹲提膝 屈膝跳	休息	双腿－踢臀跳 俯卧－后伸腿 弓步蹲提膝 屈膝跳	休息	双腿－踢臀跳 俯卧－后伸腿 弓步蹲提膝 屈膝跳	休息	休息
组/次数	3组		4组		5组		
间歇	休息3min		休息3min		慢走3min		
运动时间	9~12min		12~16min		15~20min		
运动强度（ VO_{2max} ）	85%		90%		95%		
主观用力感觉	16		17		18		

双腿－踢臀跳

扫一扫 看视频

训练目标

- 力量、爆发力

目标肌肉

- 臀大肌、股四头肌、腘绳肌、比目鱼肌、腓肠肌、核心肌群

要点

- 注意整个动作过程身体保持稳定，核心收紧，躯干不得随意晃动。
- 体会膝关节弯曲，脚背伸展。
- 每一次都尽可能使双脚碰到臀部。
- 注意落地缓冲。

不适合人群

- 膝关节不适
- 踝关节不适

躯干保持挺直

1 抬头挺胸，目视前方，收紧下颌，双臂自然下垂，双腿伸直，臀部收紧，双脚分立与肩同宽。

2 快速原地起跳，保持大腿垂直于地面，膝关节屈曲，脚踝充分伸展，双腿不能外展，脚跟向后，尽可能踢到臀部。落地缓冲，完成规定的次数。

快速原地起跳

脚跟向后踢，尽可能踢到臀部

弓步蹲提膝

背部保持挺直

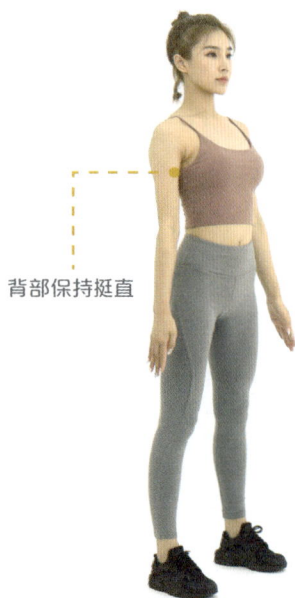

❶ 收紧下颌，双臂伸直下垂，双腿伸直，臀部收紧，双脚分开与肩同宽。

全程均匀呼吸

训练目标
- 爆发力、力量

目标肌肉
- 股四头肌、臀大肌、腘绳肌、腓肠肌、比目鱼肌、核心肌群

要点
- 全程核心收紧。

不适合人群
- 膝关节不适
- 髋关节不适
- 踝关节不适

重心保持在两腿之间

快速站起

❷ 将一侧腿向身体的正后方后撤一步，重心保持在两腿之间，顺势将身体下蹲。

❸ 直至后腿接近地面时，前腿下压蹬地，快速站起。同时迅速抬起后侧腿至大腿贴近身体。换至另一侧重复上述步骤，重复规定的次数。

屈膝跳

扫一扫 看视频

躯干保持挺直

❶ 双脚平行站立，脚尖朝前，双腿伸直，臀部收紧，挺胸抬头，目视前方，下颌收紧，双臂自然下垂。

训练目标
- 爆发力、力量

目标肌肉
- 股四头肌、臀大肌、腘绳肌

要点
- 起跳前注意预蹲动作。
- 落地时注意缓冲。

不适合人群
- 膝关节不适
- 髋关节不适
- 踝关节不适

起跳时呼气

腾空后迅速收腹，将双膝抬至胸前触碰双手

❷ 双臂屈曲，两手叠加在一起，水平放置于胸前，微微下蹲准备起跳。

❸ 快速蹬地跳起，迅速收腹，双膝触碰双手。落地缓冲，前脚掌先着地，过渡到全脚掌着地。回到起始姿势，重复规定的次数。

训练计划使用方法

1. 热身：选择并进行5min的有氧热身。

2. 正式开始：训练正式开始。

3. 组数：选择3个动作为1组，每组动作的运动时间为3~4min，循环完成3~5组，组间休息3min。

4. 时间：整个训练的运动时间为9~20min。

5. 拉伸：训练结束后，注意拉伸。

训练计划3

时间	周一	周二	周三	周四	周五	周六	周日
动作名称	弓步蹲前踢 弓步跳接开脚跳 纵跳 – 收腿	休息	弓步蹲前踢 弓步跳接开脚跳 纵跳 – 收腿	休息	弓步蹲前踢 弓步跳接开脚跳 纵跳 – 收腿	休息	休息
组/次数	3组		4组		5组		
间歇	休息3min		休息3min		慢走3min		
运动时间	9~12min		12~16min		15~20min		
运动强度（VO_{2max}）	85%		90%		95%		
主观用力感觉	16		17		18		

弓步蹲前踢

扫一扫 看视频

躯干保持挺直

❶ 抬头面向前方，收紧下颌，双臂自然下垂，双腿伸直，臀部收紧，双脚分开与肩同宽或略宽于肩。

训练目标
- 爆发力、力量

目标肌肉
- 臀大肌、股四头肌、腘绳肌、腓肠肌、比目鱼肌、核心肌群

要点
- 全程核心收紧。
- 向前踢腿时，腿部尽量伸直。

不适合人群
- 膝关节不适
- 髋关节不适
- 踝关节不适

向身体后方后撤

快速站起

屈髋伸膝快速向前踢腿

❷ 双手置于腰部两侧，一侧腿向身体的正后方撤出一步，重心保持在两腿之间，顺势向下蹲。

❸ 直至后腿膝盖接近地面时，前腿蹬地快速站起，后腿伸直向前抬至胸前高度，腿部自然下放，回到起始姿势。左右交替进行，完成规定的次数。

089

弓步跳接开脚跳

抬头挺胸，双手
前后摆臂

屈膝至90°，膝关
节的方向与脚尖一
致且不超过脚尖

训练目标
- 爆发力、力量

目标肌肉
- 臀大肌、股四头肌、腘绳肌、髋外展肌群、核心肌群

要点
- 做前后弓步过程中，手臂与腿呈对侧协调摆动，核心收紧。

不适合人群
- 膝关节不适
- 髋关节不适
- 踝关节不适

① 双脚前后站位，呈弓步姿势，双脚脚尖朝前，前腿屈膝至90°、全脚掌着地，后脚脚尖撑地，收紧下颌，抬头挺胸，目视前方。双手前后交叉摆臂，脚部快速发力蹬地，左右各交替进行一次。

目视前方

双手放在胸前

双腿迅速向
两侧分开

② 落地后，双腿迅速并拢，快速完成一次半蹲。随后，双腿迅速向两侧分开，完成一次宽距深蹲。深蹲跳起落地后，双腿再次迅速并拢，进行一次快速半蹲。回到起始姿势，完成规定的次数。

纵跳－收腿

扫一扫 看视频

背部保持挺直 - - -

膝盖不要
超过脚尖

训练目标
- 爆发力、力量

目标肌肉
- 臀大肌、股四头肌、腘绳肌、核心肌群

要点
- 全程保持核心收紧，背部挺直。半蹲姿势时膝盖不要超过脚尖。

不适合人群
- 膝关节不适
- 髋关节不适
- 踝关节不适

❶ 双脚分开与肩同宽或略宽于肩。屈膝屈髋至深蹲姿势，同时俯身至躯干与地面呈约45°，双臂伸直置于身体两侧。

跳起时吸气

腿部发力
向上跳起

屈髋屈膝使大腿
尽可能靠近身体

❷ 腿部发力向上跳起，腾空时双臂屈肘随身体摆动至胸前，同时屈髋屈膝使大腿尽可能靠近身体。随后，双臂向身体两侧下砍，然后落地，回到起始姿势。重复以上步骤至规定的次数。

高级训练计划

如果你已经有一定的体能基础和健身经历，那么可以试着选择高级训练计划来强化一下自己。

训练计划使用方法

1. 热身：进行5min的有氧热身。

2. 正式开始：训练正式开始。

3. 组数：选择4个动作为1组，每组动作的运动时间为3~4min，循环完成3~5组，组间休息3min。

4. 时间：整个训练的运动时间为9~20min。

5. 拉伸：训练结束后，注意拉伸。

训练计划1

时间	周一	周二	周三	周四	周五	周六	周日
动作名称	单腿 – 踢臀跳 交替 – 前踢跳 立定跳远 俯撑 – 抬臀	休息	单腿 – 踢臀跳 交替 – 前踢跳 立定跳远 俯撑 – 抬臀	休息	单腿 – 踢臀跳 交替 – 前踢跳 立定跳远 俯撑 – 抬臀	休息	休息
组/次数	3组		4组		5组		
间歇	休息3min		休息3min		慢走3min		
运动时间	9~12min		12~16min		15~20min		
运动强度（VO_{2max}）	85%		90%		95%		
主观用力感觉	16		17		18		

单腿－踢臀跳

身体保持挺直，腹部收紧

全程保持均匀呼吸

❶ 抬头挺胸，目视前方，收紧下颌，双臂自然下垂，双腿伸直，臀部收紧，双脚分开与肩同宽。

训练目标
- 爆发力、平衡性

目标肌肉
- 腘绳肌、臀大肌、股四头肌、腓肠肌、比目鱼肌

要点
- 动作过程始终保持膝和脚尖方向一致朝前。

不适合人群
- 髋关节不适
- 膝关节不适
- 踝关节不适

❷~❸ 四分之一单蹲姿势，单腿支撑，另一侧腿屈膝后伸，躯干与地面呈约45°。双臂屈曲于胸前，握拳且掌心相对。躯干保持挺直，腹部紧收，手臂保持不动，支撑腿尽可能向上发力跳起，并在空中尽力踢向自己的臀部，单腿落地缓冲，重复规定的次数。换另一侧重复。

手臂保持不动

触到臀部

交替－前踢跳

扫一扫 看视频

训练目标
- 爆发力、平衡性

目标肌肉
- 股四头肌、腘绳肌、臀大肌、比目鱼肌、腓肠肌

要点
- 整个过程注意核心保持收紧。
- 向上快速踢腿时，抬高腿保持膝关节伸直，支撑腿髋、膝、踝在一条直线上。

不适合人群
- 髋关节不适
- 膝关节不适
- 踝关节不适

身体保持挺直，腹部收紧

❶ 抬头挺胸，目视前方，收紧下颌，双臂自然下垂，双腿伸直，臀部收紧，双脚分立与肩同宽。

全程保持均匀呼吸

双臂屈曲于胸前

快速屈髋90°后迅速伸膝前踢

❷ 双臂屈曲于胸前，两拳相对，一侧腿快速屈髋90°后，迅速伸膝前踢，快速回到起始姿势。两侧交替进行，完成规定的次数。

立定跳远

双脚开立
与肩同宽

双臂同时
前后摆动

① 双脚分开与肩同宽或略宽于肩，双臂进行前后摆动，前摆时，身体站直；后摆时，上身稍稍前倾，屈膝的同时降低身体的重心。

训练目标
- 爆发力、力量

目标肌肉
- 股四头肌、臀大肌、腘绳肌、腓肠肌、比目鱼肌

要点
- 上下肢动作协调，摆动时上肢前倾。
- 双腿蹬地要快速有力，手脚要协调。
- 屈膝前要伸臂后摆，落地后身体向前倾。

不适合人群
- 髋关节不适
- 膝关节不适
- 踝关节不适

手臂随身体
向上摆动

起跳前微微屏气准备发力

② 双脚迅速蹬地起跳，双臂向前方摆动，向前上方跳出。屈膝落地，脚跟着地，迅速将冲力过渡到整个脚掌，进行缓冲。准备再次起跳，重复至规定的次数。

下肢肌群快速用力蹬地，
向前上方跳出

俯撑－抬臀

身体呈一条直线

训练目标
- 力量

目标肌肉
- 核心肌群

要点
- 肘关节伸直时不要锁死。

不适合人群
- 肩关节不适

❶ 俯身，四肢支撑在垫子上，挺直躯干，双臂伸直，垂直于地面，双腿并拢，脚尖着地。

屈髋，臀部上抬

腰背挺直

臀部撑起时呼气

肘关节伸直时不要锁死

腿部伸直，手臂与躯干呈一条直线

❷ 腹部发力，重心后移，臀部上抬，腰背挺直，至手臂与躯干呈一条直线，然后回到起始姿势。重复以上步骤至规定的次数。

训练计划使用方法

1. 热身：选择并进行5min的有氧热身。

2. 正式开始：训练正式开始。

3. 组数：选择4个动作为1组，每组动作的运动时间为3~4min，循环完成3~5组，组间休息3min。

4. 时间：整个训练的运动时间为9~20min。

5. 拉伸：训练结束后，注意拉伸。

训练计划2

时间	周一	周二	周三	周四	周五	周六	周日
动作名称	缓冲深蹲跳 屈膝跳 纵跳 – 收腿 站姿 – 侧抬腿	休息	宽窄距 – 深蹲跳 屈膝跳 纵跳 – 收腿 站姿 – 侧抬腿	休息	开合深蹲跳 屈膝跳 纵跳 – 收腿 站姿 – 侧抬腿	休息	休息
组/次数	3组		4组		5组		
间歇	休息3min		休息3min		慢走3min		
运动时间	9~12min		12~16min		15~20min		
运动强度（VO_{2max}）	85%		90%		95%		
主观用力感觉	16		17		18		

站姿－侧抬腿

扫一扫 看视频

━ 躯干保持挺直

❶ 双脚并拢，脚尖朝前，双腿伸直，收紧腹部，目视前方，收紧下颌，左手扶住椅子靠背，右手置于右侧腰部。

训练目标

- 力量

目标肌肉

- 大收肌、长收肌、短收肌、股薄肌、耻骨肌、阔筋膜张肌、臀中肌

要点

- 动作过程中始终控制骨盆稳定向前。

不适合人群

- 髋关节不适

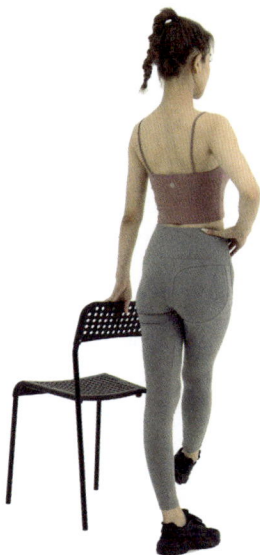

过程中始终控制骨盆稳定向前

外侧腿发力外展至最大幅度

❷~❸ 躯干挺直，靠近椅背处的腿为支撑腿，另一侧腿发力，先内收，再向外伸展至最大幅度，然后回到初始姿势，重复规定的次数。换另一侧重复上述步骤。

训练计划使用方法

1. 热身：选择并进行5min的有氧热身。

2. 正式开始：训练正式开始。

3. 组数：选择4个动作为1组，每组动作的运动时间为3~4min，循环完成3~5组，组间休息3min。

4. 时间：整个训练的运动时间为9~20min。

5. 拉伸：训练结束后，注意拉伸。

训练计划3

时间	周一	周二	周三	周四	周五	周六	周日
动作名称	开合深蹲跳 垂直－登山 侧向－跳跃 简化波比登山跑	休息	开合深蹲跳 垂直－登山 侧向－跳跃 简化波比登山跑	休息	开合深蹲跳 垂直－登山 侧向－跳跃 简化波比登山跑	休息	休息
组/次数	3组		4组		5组		
间歇	休息3min		休息3min		慢走3min		
运动时间	9~12min		12~16min		15~20min		
运动强度（VO_{2max}）	85%		90%		95%		
主观用力感觉	16		17		18		

开合深蹲跳

扫一扫 看视频

腹部收紧

① 面向前方，收紧下颌，双臂
自然下垂，双腿伸直，臀部
收紧，双脚分开略宽于肩。

训练目标
- 爆发力、力量

目标肌肉
- 股四头肌、臀大肌、
腘绳肌、腓肠肌、比
目鱼肌、核心肌群

要点
- 上下肢摆动要协调。
- 起跳要快速有力、
手臂伸直，身体充
分伸展。
- 将深蹲作为落地缓
冲动作。

不适合人群
- 肩关节不适
- 髋关节不适
- 膝关节不适
- 踝关节不适

大腿与地面平行

膝关节不宜
超过脚尖

② 身体屈膝屈髋下蹲，直至大腿与地面平行，
同时双臂伸直在身体两侧，掌心相对。

身体充分伸展

快速垂直跳起

③ 快速跳起，身体与水平面呈垂直状态，手臂上
举过头顶，双手在头部上方击掌，身体充分伸
展的同时双腿合拢。以双脚并拢的姿势缓冲落
地，轻轻跳起，再次落地时双腿分开，顺势做
一个宽距式深蹲。重复以上步骤至规定次数。

向上跳起时吸气，向下落地
准备缓冲时呼气

垂直－登山

扫一扫 看视频

躯干保持挺直

❶ 抬头面向前方，收紧下颌，双臂自然下垂，双腿伸直，臀部收紧，双脚分开与肩同宽或略宽于肩。

手臂举过头顶

训练目标

- 力量、速度、爆发力

目标肌肉

- 股四头肌、腓肠肌、比目鱼肌、髂腰肌

要点

- 动作过程始终保持腹部收紧，躯干保持挺直。
- 膝和脚尖方向一致向前。

不适合人群

- 肩关节不适
- 膝关节不适
- 髋关节不适

腹部收紧

一侧腿屈膝屈髋90°

全程保持均匀呼吸

❷ 躯干挺直，腹部收紧。一侧腿支撑，另一侧腿屈膝屈髋90°，同侧手屈肘于膝关节上方，对侧手上举过头顶。然后快速交换腿重复对侧的动作。重复规定的次数。

脚尖着地

简化波比登山跑

扫一扫 看视频

躯干保持挺直

1 收紧下颌，双臂自然放置于大腿两侧，双腿伸直，臀部收紧，双脚分开，与肩同宽。

训练目标
- 力量

目标肌肉
- 全身肌肉

要点
- 核心收紧，交换支撑脚时，要保持身体重心稳定。

不适合人群
- 肩关节不适
- 肘关节不适
- 腕关节不适
- 膝关节不适
- 髋关节不适

一侧腿向后伸直至最远端

2 下蹲，双手撑地，双脚向后跳，呈平板支撑姿。呈俯身手撑的姿势双手伸直，撑在垫子上，一侧腿伸直，脚尖撑地，另一侧腿快速向前提膝至胸前。双腿交替完成规定的次数。

双手在头部上方击掌

3 双脚跳至双手后，呈半蹲姿势，双手离开地面，双脚蹬地向上垂直起跳，双手在头部上方击掌。然后恢复到初始的姿势，完成规定的次数。

双腿绷直

反复冲刺型 HIIT 计划

反复冲刺型 HIIT 计划的运动强度一般为 85%~95%VO$_{2max}$。这种高强度的训练需要身体进行最大强度的冲刺且需要不断地重复。接下来我们就来详细了解关于反复冲刺型 HIIT 计划的运动形式与特点。

什么是反复冲刺型HIIT计划

反复冲刺型HIIT计划是指在短时间内进行固定次数的全力冲刺运动。该计划最初是为了让运动员提高反应能力和冲刺能力而制定的，以此来提升身体的速度和耐力，同时能有效提升机体的乳酸耐受能力，有助于训练者达到更高的水平。反复冲刺型HIIT计划难度较高，适合有健身基础的人使用。

计划适用的人群

以下人群不建议使用反复冲刺型HIIT计划。

（1）患有心脏病、代谢功能紊乱等疾病的人群。

（2）运动中会出现胸闷、气短和晕厥等症状的人群。

（3）患有呼吸道疾病的人群。

（4）过于肥胖的人群。

（5）初期身体各项机能较弱的健身人士。

（6）怀孕人群以及65岁以上的高龄人群。

除以上几种人群外，原则上其他人群均适用反复冲刺型HIIT计划。

反复冲刺型HIIT计划的运动形式

反复冲刺型HIIT计划的运动形式是以上肢运动为辅，下肢运动为主。运动中需要动用身体大部分肌肉，反复进行最大幅度的冲刺运动。

运动的强度范围

运动的强度范围需要控制为95%VO_{2max}（或主观用力感觉在非常吃力，数值为18）。

引自Gunnar Borg，1998

主观用力感觉	主观感觉	运动强度（VO_{2max}）	对应参考心率（次/min）
6	安静，不费力		静息心率
7	极其轻松	40%	70
8		45%	
9	很轻松	50%	90
10	轻松	55%	
11		60%	110
12	有点吃力	65%	110
13		70%	130
14		75%	
15	吃力	80%	150
16		85%	
17	非常吃力	90%	170
18		95%	
19	极其吃力	100%	195
20	筋疲力尽	105%	最大心率

运动时间的安排

反复冲刺型HIIT计划的动作一般是持续6~9s为1组，一共完成20~40组，每组的间歇为9~15s。间歇时可以进行一些如慢走、休息等低强度运动，然后再进行下一组动作。

适合的运动频率

建议频率为每周进行3次，两次训练间隔一天为宜。在进行训练时，最好不要进行其他形式的力量训练，以防止运动过度，造成损伤。

注意事项

运动前的热身

每次运动前进行5~10min的低强度热身运动，如前后摆腿、下背部动态拉伸等，运动后再进行类似的拉伸活动5~10min。

在有效地控制动作质量的前提下，提升运动强度

正式进行运动时，需要通过提升动作的速度和幅度，在1min之内将心率提升到靶心率范围（有氧运动的安全心率为最大心率的60%~80%），并坚持一定时间。

计划的动作可循环使用

本章中的动作可以在一次训练中交替使用，这样方便记忆。

运动的时长要适度

运动不仅要做到循序渐进，还要清楚自己的身体极限，做到量力而行。在计划中，前期运动冲刺的最低次数保持在20组以上，然后在后期逐渐增加到40组，最终保持这一运动频率。

了解自己的身体极限

要想获得更好的运动效果，就必须进行合理的运动。如果在运动过程中产生严重的身体不适，如头晕、恶心和呕吐等情况，要立即停止运动。待情况恢复后降低动作要求和重复数量。

初级训练计划

在初次接触反复冲刺型HIIT计划时，尽量将组数和持续时间维持在身体所能承受的范围内，然后逐渐增加组数。

训练计划使用方法

1. 热身：进行5min的有氧热身。

2. 正式开始：训练正式开始。

3. 组数：选择3个动作为1组，每组动作的运动时间为6~9s，循环完成20~30组，组间休息9~15s。

4. 时间：整个训练的运动时间为2~6min。

5. 拉伸：训练结束后，注意拉伸。

训练计划1

时间	周一	周二	周三	周四	周五	周六	周日
动作名称	简化波比跳 踮脚－蹲跳 交替前弓步		简化波比跳 踮脚－蹲跳 交替前弓步		简化波比跳 踮脚－蹲跳 交替前弓步		
组/次数	20组		25组		30组		
间歇	休息9s	休息	休息12s	休息	慢走15s	休息	休息
运动时间	2min		4min		6min		
运动强度（VO_{2max}）	90%		95%		100%		
主观用力感觉	17		18		19		

简化波比跳

扫一扫 看视频

躯干挺直

双腿同时向后
伸直至最远端

收紧臀部

全程均匀呼吸

❶ 抬头挺胸，目视前方，收紧下颌，双臂
自然下垂，双腿伸直，臀部收紧，双脚
分立与肩同宽。

❷ 俯身，双手伸直撑地，间距与肩
同宽，垂直于地面，双腿向后跳
至最远端，脚尖着地。

双手在
头部上
方击掌

向上用力
跳起

❸~❹ 双脚跳至双手后方，双手离地，身体迅
速站起并向上跳，同时双手向上伸展，在头
部上方击掌，最后恢复起始姿势，完成规定
的次数。

训练目标
- 力量

目标肌肉
- 全身肌肉

要点
- 核心收紧，双脚向后
跳至最远时，身体呈
一条直线。

不适合人群
- 肩关节不适
- 肘关节不适
- 腕关节不适
- 髋关节不适
- 膝关节不适

踮脚 - 蹲跳

扫一扫 看视频

❶ 抬头挺胸，目视前方，收紧下颌，双臂自然下垂，双腿伸直，臀部收紧，双脚分开与肩同宽或略宽于肩。

训练目标
- 爆发力

目标肌肉
- 腓肠肌、比目鱼肌、股四头肌、臀大肌

要点
- 跳跃过程中膝和脚尖方向保持一致。

不适合人群
- 膝关节不适
- 髋关节不适
- 踝关节不适

膝盖弯曲

发力时呼气或屏气或均匀呼气，还原时吸气

向上跳跃

❷ 躯干挺直，屈膝屈髋约45°，同时踮脚尖，双臂后摆。

❸ 双腿发力，尽可能向上跳起。最后回到起始姿势。重复规定的次数。

交替前弓步

扫一扫 看视频

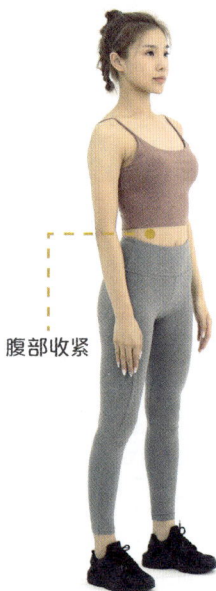

腹部收紧

❶ 抬头挺胸，目视前方，收紧下颌，双臂自然下垂，双腿伸直，臀部收紧，双脚分立同肩宽。

训练目标
- 力量

目标肌肉
- 股四头肌、臀大肌

要点
- 前跨步步幅要足够大。

不适合人群
- 膝关节不适
- 髋关节不适
- 踝关节不适

❷ 右腿向身前跨出，双膝弯曲，身体下蹲，直至右腿的大腿部分与地面平行，左腿膝盖近乎贴近地面。然后前腿发力蹬地，带动身体上升恢复到起始姿势。换至另一侧重复规定的次数。

上身保持挺直，手臂放置于胸前

前跨步步幅要大，前腿大腿与地面平行

后腿膝盖几乎接触地面

训练计划使用方法

1. 热身：进行5min的有氧热身。

2. 正式开始：训练正式开始。

3. 组数：选择4个动作为1组，每组动作的运动时间为6~9s，循环完成20~30组，组间休息9~15s。

4. 时间：整个训练的运动时间为2~6min。

5. 拉伸：训练结束后，注意拉伸。

训练计划2

时间	周一	周二	周三	周四	周五	周六	周日
动作名称	跳绳 侧向蹬腿跳 开合跳 俯身－跨步登山		跳绳 侧向蹬腿跳 开合跳 俯身－跨步登山		跳绳 侧向蹬腿跳 开合跳 俯身－跨步登山		
组/次数	20组		25组		30组		
间歇	休息9s	休息	休息12s	休息	慢走15s	休息	休息
运动时间	2min		4min		6min		
运动强度（VO_{2max}）	90%		95%		100%		
主观用力感觉	17		18		19		

跳绳

扫一扫 看视频

腰背保持挺直 - - - -

1 抬头目视前方，收紧核心，双臂自然下垂，双腿伸直，臀部收紧，双脚分开与肩同宽。

训练目标

- 敏捷

目标肌肉

- 腓肠肌、比目鱼肌

要点

- 全程保持核心收紧，背部挺直。
- 跳绳时脚尖点地。

不适合人群

- 髋关节不适
- 膝关节不适
- 踝关节不适

全程核心收紧 - - - -

手部做画圈 - - - - 动作

2 双手在身体两侧，想象双手拿着跳绳把手。将身体重心移到一侧腿上，对侧腿膝关节微抬，脚悬空，然后支撑腿下肢肌肉发力跳起，在空中时重心快速移动到悬空腿，悬空腿伸直着地。此过程中双手持续在身体两侧模仿跳绳手部画圈动作。重复以上步骤至规定的次数。

左右腿交替 - - - - 跳跃

俯身－跨步登山

扫一扫 看视频

脚尖着地

躯干保持挺直

训练目标
- 力量

目标肌肉
- 腹直肌、腹内斜肌、腹外斜肌、髂腰肌

要点
- 交换腿过程中躯干保持挺直。
- 腿迈向同侧手臂旁。

不适合人群
- 腕关节不适
- 肩关节不适
- 髋关节不适

❶ 四肢撑地呈俯卧撑姿势，收紧腹部，躯干挺直，双臂伸直并垂直于地面，双脚并拢，脚尖着地。

❷ 身体尽量呈一条直线，腹部收紧。一侧腿屈髋屈膝向前至同侧手臂旁，然后换另一侧腿向前迈步。重复规定的次数。

身体尽量呈一条直线

一侧腿迈至同侧手臂旁边

迈步时呼气

113

训练计划使用方法

1. 热身：进行5min的有氧热身。

2. 正式开始：训练正式开始。

3. 组数：选择4个动作为1组，每组动作的运动时间为6~9s，循环完成20~30组，组间休息9~15s。

4. 时间：整个训练的运动时间为2~6min。

5. 拉伸：训练结束后，注意拉伸。

训练计划3

时间	周一	周二	周三	周四	周五	周六	周日
动作名称	交替－侧弓步 侧卧－蹬自行车 弓步蹲跳 俯撑－收腿	休息	交替－侧弓步 侧卧－蹬自行车 弓步蹲跳 俯撑－收腿	休息	交替－侧弓步 侧卧－蹬自行车 弓步蹲跳 俯撑－收腿	休息	休息
组/次数	20组		25组		30组		
间歇	休息9s		休息12s		慢走15s		
运动时间	2min		4min		6min		
运动强度（VO_{2max}）	90%		95%		100%		
主观用力感觉	17		18		19		

交替－侧弓步

扫一扫 看视频

❶ 抬头挺胸，目视前方，收紧下颌，双臂贴在大腿两侧，双腿伸直，臀部收紧，双脚分开，脚尖外旋，宽位站立。

- - - - 双腿宽站位

训练目标
- 力量、灵活性、柔韧性

目标肌肉
- 臀大肌、股四头肌、腘绳肌、髋内收肌群

要点
- 注意身体重心的左右平移。
- 体会髋内收肌群的拉伸感。

不适合人群
- 膝关节不适
- 髋关节不适
- 踝关节不适

膝盖不要
超过脚尖

- - - - 屈髋屈膝
呈侧弓步

❷ 身体重心向右移动，俯身向下，屈髋屈膝，膝盖不要超过脚尖，呈侧弓步姿势，右手扶在膝盖处，左手伸直，手掌触地。微微起身，身体重心向左移动，俯身向下，屈髋屈膝，膝盖不要超过脚尖，身体呈侧弓步姿势，左手扶在膝关节处，右手伸直，手掌触地，左右交替，重复规定的次数。

侧卧－蹬自行车

扫一扫 看视频

身体保持挺直

全程保持均匀呼吸

① 侧卧于垫子上，身体挺直。头部枕于左侧手臂，右手支撑于胸前。

② 上侧腿发力，屈膝屈髋至大腿与小腿呈90°，接着伸膝伸髋至最大幅度。重复规定的次数。然后换另一侧重复上述步骤。

过程中始终控制身体平衡

上侧腿发力

直膝伸髋向后踢至最大幅度

伸膝伸髋时呼气

③ 上侧腿发力，向前屈膝屈髋90°，脚部背屈，接着伸膝伸髋向后踢至最大幅度。然后换一侧重复上述步骤。重复规定的次数。

训练目标
- 力量、稳定性

目标肌肉
- 股四头肌、臀大肌、髂腰肌、阔筋膜张肌、臀中肌、腘绳肌

要点
- 动作过程始终保持核心稳定，保持身体平衡。

不适合人群
- 膝关节不适
- 髋关节不适

俯撑－收腿

扫一扫 看视频

全程核心收紧

双臂伸直撑于垫子上

训练目标
- 力量

目标肌肉
- 腹直肌、髂腰肌、股四头肌

要点
- 全程核心收紧。

不适合人群
- 肩关节不适
- 腕关节不适
- 膝关节不适
- 髋关节不适

① 俯身，四肢支撑于垫子上，双脚并拢，腰背挺直，双臂伸直撑起，上肢垂直于地面。

腹部发力

双腿同时向前跳跃至大腿靠近躯干

向前跳时呼气

② 双腿同时发力向前跳跃至大腿靠近躯干，然后向后跳跃，回到起始姿势。重复以上步骤至规定的次数。

117

中级训练计划

反复冲刺型HIIT计划中的中级训练计划在动作组数上做了增加，难度也相对于初级训练计划高一些，可以作为进阶版的训练，让体能更上一个台阶。

训练计划使用方法

1. 热身：选择进行5min的有氧热身。
2. 正式开始：训练正式开始。
3. 组数：选择4个动作为1组，每组动作的运动时间为6~9s，循环完成25~35组，组间休息9~15s。
4. 时间：整个训练的运动时间为2~6min。
5. 拉伸：训练结束后，注意拉伸。

训练计划1

时间	周一	周二	周三	周四	周五	周六	周日
动作名称	简化波比跳 侧卧－髋外展 高抬腿触地 俯身－宽距－收腿		简化波比跳 侧卧－髋外展 高抬腿触地 俯身－宽距－收腿		简化波比跳 侧卧－髋外展 高抬腿触地 俯身－宽距－收腿		
组/次数	25组		30组		35组		
间歇	休息9s	休息	休息12s	休息	慢走15s	休息	休息
运动时间	2min		4min		6min		
运动强度（VO_{2max}）	90%		95%		100%		
主观用力感觉	17		18		19		

侧卧－髋外展

扫一扫 看视频

上侧手支撑
于胸前

训练目标
- 力量

目标肌肉
- 臀中肌、阔筋膜张肌

要点
- 动作过程中保持骨盆稳定。
- 动作与躯干在同一个平面。

不适合人群
- 髋关节不适

❶ 侧卧于垫子上，身体挺直。头部枕于左侧手臂，右手支撑于胸前。

上侧腿外展至
最大幅度

上半身保持不动

臀部发力

髋外展时呼气

❷ 臀部发力，上侧腿外展至最大幅度。最后恢复到初始姿势，重复以上步骤至规定的次数，换对侧重复以上步骤。

俯身-宽距-收腿

扫一扫 看视频

腹部收紧

身体呈一条直线

屈膝屈髋、收腹时呼气

训练目标
- 力量

目标肌肉
- 腹直肌、髂腰肌

要点
- 屈膝屈髋过程中头部保持中立位。

不适合人群
- 肩关节不适
- 肘关节不适
- 腕关节不适
- 髋关节不适

❶ 俯身，四肢支撑于垫子上，双脚并拢，腰背挺直，双臂伸直撑起，上肢垂直于地面。

躯干保持挺直

❷ 腹部收缩，同时双腿张开向手臂两侧跳，然后立刻回到起始姿势。重复规定的次数。

训练计划使用方法

1. 热身：选择进行5min的有氧热身。

2. 正式开始：训练正式开始。

3. 组数：选择4个动作为1组，每组动作的运动时间为6~9s，循环完成25~35组，组间休息9~15s。

4. 时间：整个训练的运动时间为4~8min。

5. 拉伸：训练结束后，注意拉伸。

训练计划2

时间	周一	周二	周三	周四	周五	周六	周日
动作名称	屈膝跳 俯身－钟摆腿 原地膝碰肘跑 俯撑－侧向移动	休息	屈膝跳 俯身－钟摆腿 原地膝碰肘跑 俯撑－侧向移动	休息	屈膝跳 俯身－钟摆腿 原地膝碰肘跑 俯撑－侧向移动	休息	休息
组/次数	25组		30组		35组		
间歇	休息9s		休息12s		慢走15s		
运动时间	4min		6min		8min		
运动强度（VO_{2max}）	90%		95%		100%		
主观用力感觉	17		18		19		

俯身－钟摆腿

扫一扫 看视频

双脚并拢

身体呈一条直线

腰背保持挺直

训练目标
- 力量

目标肌肉
- 腹直肌、腹内斜肌、腹外斜肌、髂腰肌

要点
- 全程腰背保持挺直。
- 动作过程双脚始终并拢。

不适合人群
- 髋关节不适
- 膝关节不适

① 俯身，四肢支撑于垫子上，双脚并拢，腰背挺直，双臂伸直撑起，上肢垂直于地面。

收腹、屈膝屈髋时呼气

② 收紧腹部，双脚并拢跳至身体一侧的中间，然后跳回到支撑位，随后跳向另一侧。最后恢复起始姿势，完成一次完整练习。重复规定的次数。

原地膝碰肘跑

① 抬头挺胸，目视前方，收紧下颌，双臂自然下垂，双腿伸直，臀部收紧，双脚分立与肩同宽或略宽于肩。

训练目标
- 敏捷性

目标肌肉
- 髂腰肌、股四头肌、腓肠肌、比目鱼肌

要点
- 全程保持核心收紧，背部挺直。
- 膝盖与脚尖方向一致。

不适合人群
- 膝关节不适
- 踝关节不适

全程均匀呼吸

支撑腿可略弯曲

② 抬起一侧大腿至最高，对侧手肘去触碰抬起的膝关节。另一条腿支撑于地面保持稳定。

③ 然后将抬起的腿放回起始位置，同时换至对侧重复以上步骤。快速连续重复以上步骤至规定的次数。

俯撑 – 侧向移动

扫一扫 看视频

双脚并拢，
脚尖着地

躯干挺直，
腹部收紧

全程均匀呼吸

训练目标
- 力量

目标肌肉
- 腹直肌

要点
- 身体保持稳定，全程保持核心收紧。
- 动作越快、越流畅越好。

不适合人群
- 腕关节不适
- 肩关节不适
- 髋关节不适

❶ 俯身，四肢支撑在垫子上，挺直躯干，双臂伸直，垂直于地面，双腿并拢，脚尖着地。

一侧手和对侧脚
同时向一侧移动

腰背挺直，臀部发力

❷ 核心收紧，腰背挺直，臀部发力，一侧手和对侧脚同时向一侧平移，然后另外一只手和脚以一样的距离跟随。移动规定的次数或距离，换至另一侧向反方向移动，并重复以上步骤至规定的次数。

训练计划使用方法

1. 热身：选择进行 5min 的有氧热身。

2. 正式开始：训练正式开始。

3. 组数：选择 4 个动作为 1 组，每组动作的运动时间为 6~9s，循环完成 25~35 组，组间休息 9~15s。

4. 时间：整个训练的运动时间为 4~8min。

5. 拉伸：训练结束后，注意拉伸。

训练计划3

时间	周一	周二	周三	周四	周五	周六	周日
动作名称	简化波比跳 侧卧－提膝 高抬腿跳绳 侧卧－蹬自行车	休息	简化波比跳 侧卧－提膝 高抬腿跳绳 侧卧－蹬自行车	休息	简化波比跳 侧卧－提膝 高抬腿跳绳 侧卧－蹬自行车	休息	休息
组/次数	25组		30组		35组		
间歇	休息9s		休息12s		慢走15s		
运动时间	4min		6min		8min		
运动强度（VO_{2max}）	90%		95%		100%		
主观用力感觉	17		18		19		

侧卧－提膝

扫一扫 看视频

身体保持挺直

训练目标
- 力量、稳定性

目标肌肉
- 股四头肌、臀大肌、臀中肌

要点
- 动作过程始终保持身体重心稳定，膝盖和脚尖方向一致向前。

不适合人群
- 髋关节不适
- 膝关节不适

❶ 侧卧于垫子上，双腿伸直，足跟、臀和躯干在一条直线上。头部枕于左侧手臂，右手支撑于胸前。

屈膝屈髋90°

始终保持身体平衡

屈膝屈髋时吸气

勾脚尖

❷ 上侧腿发力，屈膝屈髋90°，保持脚尖勾起，然后回到起始姿势，重复规定的次数。换一侧重复上述步骤。

高级训练计划

在适应了初级和中级训练计划的强度后，我们就可以尝试一下高级训练动作，它可以再次激发身体潜能。

训练计划使用方法

1. 热身：选择进行5min的有氧热身。

2. 正式开始：训练正式开始。

3. 组数：选择4个动作为1组，每组动作的运动时间为6~9s，循环完成30~40组，组间休息9~15s。

4. 时间：整个训练的运动时间为6~10min。

5. 拉伸：训练结束后，注意拉伸。

训练计划1

时间	周一	周二	周三	周四	周五	周六	周日
动作名称	纵跳－收腿 侧卧－伸膝髋外展 缓冲深蹲跳 侧卧－直腿抬腿	休息	纵跳－收腿 侧卧－伸膝髋外展 缓冲深蹲跳 侧卧－直腿抬腿	休息	纵跳－收腿 侧卧－伸膝髋外展 缓冲深蹲跳 侧卧－直腿抬腿	休息	休息
组/次数	30组		35组		40组		
间歇	休息9s		休息12s		慢走15s		
运动时间	6min		8min		10min		
运动强度（VO_{2max}）	90%		95%		100%		
主观用力感觉	17		18		19		

侧卧－伸膝髋外展

始终保持骨盆向前

训练目标
- 力量

目标肌肉
- 臀中肌、阔筋膜张肌

要点
- 动作过程中保持骨盆向前。

不适合人群
- 髋关节不适

① 侧卧于垫子上，头部枕于一侧前臂，另一侧手支撑于胸前。右腿伸直抬起，左腿屈膝使足跟、臀和躯干在一条直线。

上侧腿发力伸直并外展至最大幅度

② 上侧腿发力，将腿伸直并外展至最大幅度。然后换一侧重复上述步骤。重复规定的次数。

缓冲深蹲跳

扫一扫 看视频

① 抬头挺胸，目视前方，收紧下颌，双臂自然下垂，双腿伸直，臀部收紧，双脚分开略宽于肩。

腰背保持挺直

手臂保持不动

核心收紧

③ 核心收紧，快速跳起，身体完全伸展，屈膝屈髋落地缓冲。回到起始姿势，重复规定的次数。

快速跳起，身体完全伸展

屈膝屈髋下蹲

② 屈膝屈髋下蹲，臀部略高于大腿。手部握拳，双臂放在胸前位置。

训练目标
- 爆发力、力量

目标肌肉
- 股四头肌、臀大肌、腘绳肌、腓肠肌、比目鱼肌、核心肌群

要点
- 保持核心收紧，腰背挺直。
- 臀部微微高于大腿，有利于快速发力起跳。
- 跳跃过程中，保持身体重心稳定。

不适合人群
- 髋关节不适
- 膝关节不适
- 踝关节不适

129

侧卧-直腿抬腿

扫一扫 看视频

一侧手放于同侧耳后

另一侧手放于对侧髋部

身体保持挺直

躯干侧屈时呼气，还原时吸气

训练目标
- 力量

目标肌肉
- 腹内斜肌、腹外斜肌

要点
- 身体在一个平面内侧屈。
- 头部保持中立位。

不适合人群
- 髋关节不适

❶ 侧卧在垫子上，身体挺直，头部保持中立位。身体外侧的手放在同侧的耳后，另一侧的手放在对侧髋部位置。

外侧腿发力向外展至最大幅度

❷ 外侧腿向上方外展，同时身体侧屈，外侧肘关节去触碰抬起的腿，然后回到起始姿势，重复规定的次数，换另一侧重复上述步骤。

训练计划使用方法

1. 热身：选择进行5min的有氧热身。

2. 正式开始：训练正式开始。

3. 组数：选择4个动作为1组，每组动作的运动时间为6~9s，循环完成30~40组，组间休息9~15s。

4. 时间：整个训练的运动时间为6~10min。

5. 拉伸：训练结束后，注意拉伸。

训练计划2

时间	周一	周二	周三	周四	周五	周六	周日
动作名称	交替－斜对角跳跃 收腿俯卧撑 深蹲跳 俯撑－转体摸脚	休息	交替－斜对角跳跃 收腿俯卧撑 深蹲跳 俯撑－转体摸脚	休息	交替－斜对角跳跃 收腿俯卧撑 深蹲跳 俯撑－转体摸脚	休息	休息
组/次数	30组		35组		40组		
间歇	休息9s		休息12s		慢走15s		
运动时间	6min		8min		10min		
运动强度（ VO_{2max} ）	90%		95%		100%		
主观用力感觉	17		18		19		

交替-斜对角跳跃

扫一扫 看视频

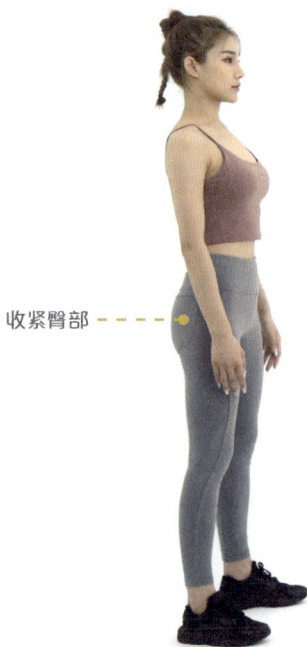

收紧臀部 - - - -

❶ 抬头挺胸，目视前方，收紧下颌，双臂自然下垂，双腿伸直，臀部收紧，双脚分立与肩同宽或略宽于肩。

屈膝屈髋

全程均匀呼吸

❷ 身体重心靠向左侧，右腿蹬地，左侧腿快速向左前方跨出一步，左侧脚落地，屈膝屈髋，右腿跟随抬起，同时快速摆出右侧手臂。

训练目标
- 力量

目标肌肉
- 臀大肌、臀中肌、股四头肌、腘绳肌、比目鱼肌、腓肠肌

要点
- 跳跃过程中核心收紧。
- 注意四肢的协调摆动。

不适合人群
- 髋关节不适
- 膝关节不适
- 踝关节不适

注意四肢
协调摆动

两侧交替进行 - - - -

❸ 身体重心靠向右侧，左腿蹬地，右侧腿快速向右前方跨出一步，右侧脚落地，屈膝屈髋，左腿跟随抬起，同时快速摆出左侧手臂。两侧交替进行，完成规定的次数。

收腿俯卧撑

扫一扫 看视频

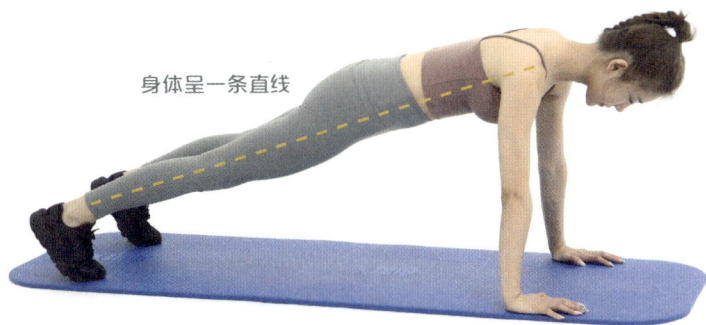

身体呈一条直线

训练目标
- 力量、稳定性

目标肌肉
- 胸大肌、三角肌前束、肱二头肌、肱三头肌、核心肌群

要点
- 全程核心保持收紧，脊柱始终保持中立位，肩、髋、膝、踝关节保持一条直线。
- 注意俯卧撑屈肘向下时，尽量使身体贴近地面。
- 左右腿交替进行。

不适合人群
- 肩关节不适
- 腕关节不适
- 肘关节不适
- 腕关节不适

❶ 面部朝下，呈俯身姿势。双手撑地位于肩部正下方，双手间距同肩宽，垂直于地面。脚尖着地。

身体垂直向下

❷ 躯干保持不动，双肘弯曲，使身体垂直向下，胸部靠近垫子。

身体保持稳定

躯干向下时吸气，合理运用屏气

❸ 伸肘回到起始位置，躯干保持不动，抬起一侧腿，膝关节向同侧的肘关节靠近，再按照相同路线返回至起始位置，换对侧做相同的动作。完成规定的次数。

深蹲跳

扫一扫 看视频

训练目标
- 力量、爆发力

目标肌肉
- 股四头肌、臀大肌、腘绳肌、腓肠肌、比目鱼肌、胫骨前肌

要点
- 后背挺直，核心收紧，保持抬头挺胸。
- 蹲至臀部略高于膝关节位置后迅速向上跳起。

不适合人群
- 肩关节不适
- 髋关节不适
- 膝关节不适
- 踝关节不适

身体挺直，收紧臀部

❶ 抬头挺胸，目视前方，收紧下颌，双臂自然下垂，双腿伸直，臀部收紧，双脚分开宽于肩。

下蹲时吸气，跳起时呼气

核心收紧，抬头挺胸

双臂用力下摆

❸ 快速蹬地，身体垂直跳起，双臂用力下摆。回到起始姿势，完成规定的次数。

❷ 屈膝下蹲，臀部略高于膝关节。双臂前平举，掌心朝下。

俯撑－转体摸脚

扫一扫 看视频

身体呈一条直线

脚尖着地

训练目标
- 力量

目标肌肉
- 腹直肌、腹外斜肌、腹内斜肌、股四头肌

要点
- 全程保持核心收紧，背部挺直。

不适合人群
- 肩关节不适
- 腕关节不适
- 髋关节不适

❶ 俯身，四肢支撑在垫子上，挺直背部，双臂伸直同肩宽，垂直于地面，双腿并拢，脚尖着地。

触碰伸出腿脚尖

转体时呼气

直腿屈髋

❷ 一侧腿直腿屈髋，同时身体向对侧旋转45°，对侧手臂触碰伸出腿的脚尖。稍做停顿，回到起始姿势。然后换一侧重复上述动作。重复规定的次数。

135

训练计划使用方法

1. 热身：选择进行 5min 的有氧热身。

2. 正式开始：训练正式开始。

3. 组数：选择 4 个动作为 1 组，每组动作的运动时间为 6~9s，循环完成 30~40 组，组间休息 9~15s。

4. 时间：整个训练的运动时间为 6~10min。

5. 拉伸：训练结束后，注意拉伸。

训练计划3

时间	周一	周二	周三	周四	周五	周六	周日
动作名称	宽窄距－深蹲跳 收腿俯卧撑 仰卧起跳 侧平板支撑－膝碰肘	休息	宽窄距－深蹲跳 收腿俯卧撑 仰卧起跳 侧平板支撑－膝碰肘	休息	宽窄距－深蹲跳 收腿俯卧撑 仰卧起跳 侧平板支撑－膝碰肘	休息	休息
组/次数	30组		35组		40组		
间歇	休息9s		休息12s		慢走15s		
运动时间	6min		8min		10min		
运动强度（VO_{2max}）	90%		95%		100%		
主观用力感觉	17		18		19		

仰卧起跳

扫一扫 看视频

伸展身体

四肢伸直悬空

全程均匀呼吸

❶ 从正常站立姿势下蹲并向后躺至仰卧姿，双手向头顶的方向伸展，同时双腿抬起，全程保持腹部肌肉收紧。

训练目标

• 力量

目标肌肉

• 腹直肌、臀大肌、股四头肌、腘绳肌、腓肠肌、比目鱼肌

要点

• 全程保持核心收紧。尽量跳得高一些。

不适合人群

• 髋关节不适
• 膝关节不适
• 踝关节不适

收缩身体，屈髋

❷ 然后四肢和腹部迅速发力收缩身体，屈髋，重心移到双脚，呈全蹲姿势。

向上跳跃，尽量跳得高一些

❸ 向上跳跃的同时两臂伸直后摆，然后下蹲缓冲，恢复至起始姿势。重复以上步骤至规定的次数。

侧平板支撑－膝碰肘

扫一扫 看视频

手臂向上伸直

脚部并拢，
侧向撑地

训练目标
- 力量

目标肌肉
- 腹直肌、腹内斜肌、腹外斜肌、竖脊肌、三角肌

要点
- 全程保持核心收紧，腰背挺直。

不适合人群
- 肩关节不适
- 肘关节不适
- 髋关节不适
- 膝关节不适

❶ 呈侧撑姿，一侧手臂肘关节弯曲90°撑于垫子上，同侧脚用侧面撑在垫子上，另一侧手臂伸直上举，腹部持续收紧，腰背平直。

肘膝相碰时呼气

腹肌发力，大腿向
躯干方向侧屈

❷ 保持身体平衡，腹肌发力，上侧的大腿向躯干方向移动，同侧手臂弯曲，膝关节和肘关节相互触碰，然后回到起始位置。重复以上步骤至规定的次数，换至对侧重复以上步骤。

Tabata 法 HIIT 计划

Tabata 法是 HIIT 计划的一种，这种方法以刺激心肺为目的，主要通过自己身体的重量来完成相应的动作，能够快速提升自身的爆发力和耐力，在燃脂方面也能起到良好的作用。

这一章我们就来认识和学习一下 Tabata 法的相关知识吧！

什么是Tabata法 HIIT 计划

  Tabata法最早是由日本的田畑泉博士在1996年提出的，这种方法可以通过运动达到最大心率值，以此来带动身体中更多的肌肉群。一般是由20s的超高强度极限训练、10s的休息时间和8次持续循环所组成的，所需时间为4min。

计划适用的人群

  以下人群不建议使用Tabata法 HIIT 计划。

  （1）患有如心脏病、代谢功能紊乱等已知疾病的人群。

  （2）体能和心肺功能较差的人群。

  （3）患有呼吸类疾病的人群。

  （4）孕妇和高龄人群。

  （5）体重超重的人群。

  除以上几种人群外，原则上其他人群均适用Tabata法 HIIT 计划。

Tabata 法的运动形式

  Tabata 法与经典 HIIT 的运动形式上有很大的不同，Tabata 法的运动是具备有氧与无氧两种能量供应机制的。

  所有的运动都需要快速完成，动作多以上下肢的配合为主。运动过程中，身体绝大部分的肌肉群都会参与收缩。

运动的强度范围

在进行Tabata法训练时，运动强度尽量达到95%~105%VO$_{2max}$（或主观用力感觉数值为18~20）。

引自Gunnar Borg，1998

主观用力感觉	主观感觉	运动强度 （VO$_{2max}$）	对应参考心率 （次/min）
6	安静，不费力		静息心率
7	极其轻松	40%	70
8		45%	
9	很轻松	50%	90
10	轻松	55%	
11		60%	110
12	有点吃力	65%	110
13		70%	130
14		75%	
15	吃力	80%	150
16		85%	
17	非常吃力	90%	170
18		95%	
19	极其吃力	100%	195
20	筋疲力尽	105%	最大心率

运动时间的安排

Tabata法运动时间为3~4min，超高强度运动的运动时间和低强度运动的时间比为2：1（例如，超高强度运动时间为20s，那么低强度运动时间则为10s），二者循环进行，共循环6~8次。

Tabata法运动时间虽然短，但却是HIIT计划中强度最大的。

合适的运动频率

Tabata法训练可以在极短的时间内快速提升新陈代谢与心跳速率，同时强度也十分大，需要有一定的体能基础。建议每周保持2~3次的频率即可，每周至少留出3~4天时间休息。本节中的计划运动频率为3次/周，工作日隔一天进行一次，周末休息。

注意事项

运动前的热身

Tabata法训练的强度极大，动作用时短，同时速度又快，所以在开始训练前必须做好充足的热身准备，避免身体负荷过大。

利用热身先将全身的肌肉唤醒并使心率提升，为接下来的超高强度训练做好准备。

在进行Tabata法训练前，要进行5~10min的低强度热身运动，这些热身运动包括身体各部位的动态拉伸和小强度运动，然后再开始真正的训练。在结束训练后，进行慢跑、伸展等整理活动5~10min。

在有效地控制运动频率和速度的前提下，提升运动强度

在确保运动频率和速度符合Tabata法训练的情况下，进行初期的Tabata法训练时，我们的动作可能达不到所要求的强度，这种情况下我们就要尝试强度递增的训练方法，在训练时先将运动频率和速度尽可能地达到最高标准，在身体熟悉了这个速度后，再加大动作幅度。

计划动作可循环使用

Tabata法训练一般是选用一个或几个动作来循环进行的，动作可以根据自己的喜好和要求来选取，在初期训练中适当减少组数，让身体适应后再逐渐增加组数，并保持在一定的数量上。

运动的时长要适度

Tabata法训练的特点是用时短、循环次数多，但如果是身体肥胖或超重者，抑或是肌肉力量较差的人，在初始训练时可以适当减少运动时长，以免关节受伤。

了解自己的身体极限

Tabata法训练难度非常大，同时对人体的体能要求很高，这种训练方法更适用于专业运动员，正常情况下很少有人能够完整地完成8组的训练。因此，当你在运动过程中出现严重的心悸、头晕、恶心甚至呕吐等状况时，应该立即停止运动，或者减少组数和时长，以免造成不可逆的损伤。

初级训练计划

　　Tabata法的HIIT计划非常容易被理解与使用，但同时这种训练本身是具有难度的。所以在Tabata训练中需要先进行一些初级训练计划，稳定后再逐步提升难度，才是最可取的方法。

训练计划使用方法

　　1. 热身：进行5min的有氧热身。

　　2. 正式开始：训练正式开始。

　　3. 组数：选择4个动作为1组，每组动作的运动时间为20s，循环完成6~8组，组间休息10s。

　　4. 时间：整个训练的运动时间为3~4min。

　　5. 拉伸：训练结束后，注意拉伸。

训练计划1

时间	周一	周二	周三	周四	周五	周六	周日
动作名称	弓步跳接开脚跳 跪姿－俯冲式－俯卧撑 转体跳跃 跳跃－手触地	休息	弓步跳接开脚跳 跪姿－俯冲式－俯卧撑 转体跳跃 跳跃－手触地	休息	弓步跳接开脚跳 跪姿－俯冲式－俯卧撑 转体跳跃 跳跃－手触地	休息	休息
组/次数	6组		7组		8组		
间歇	休息10s		休息10s		慢走10s		
运动时间	3min		3.5min		4min		
运动强度 （ VO_{2max} ）	95%		100%		105%		
主观用力感觉	18		19		20		

跪姿－俯冲式－俯卧撑

扫一扫 看视频

训练目标
- 力量

目标肌肉
- 肱三头肌、肱二头肌、胸大肌、胸小肌

要点
- 推起身体的速度尽可能快。

不适合人群
- 肩关节不适
- 肘关节不适
- 腕关节不适

❶ 四肢着地，双脚与髋同宽，双手与肩同宽，将臀部推高，保持背部平直，身体呈一个倒V型。

手臂和胸部发力，将身体撑起

双脚与双手支撑在垫子上

躯干保持挺直

推起身体时呼气，屈肘伸肩时吸气

❷～❸ 双手弯曲，使身体下降。当下降至最低点时，臀部下降，双腿挺直，胸部俯冲向垫面，随后双手用力伸直，将身体推起，眼睛平视正前方。重复规定的次数。

转体跳跃

扫一扫 看视频

❶ 站姿，双脚开立略宽于肩，双膝微屈，腰背挺直，双手叉腰，做好跳跃的准备。

脚尖朝外

训练目标
- 力量

目标肌肉
- 臀大肌、股四头肌、腓肠肌、核心肌群

要点
- 保持身体平衡与协调。
- 全程保持核心收紧，腰背挺直。

不适合人群
- 髋关节不适
- 踝关节不适

落地时膝盖微屈

❷ 臀部和腿部发力伸髋伸膝使双腿跳起，同时身体转向后方，在空中旋转180°。

❸ 左右交替重复至规定的次数。

跳跃－手触地

训练目标
- 爆发力、力量

目标肌肉
- 臀大肌、股四头肌、腘绳肌、比目鱼肌、腓肠肌

要点
- 注意准备起跳时大腿接近于与地面平行。
- 起跳时发力蹬地一定要迅速。注意落地缓冲姿势。
- 全程核心收紧。

不适合人群
- 髋关节不适
- 膝关节不适
- 踝关节不适

－－－ 全程核心收紧

❶ 抬头挺胸，目视前方，收紧下颌，双臂自然下垂，双腿伸直，臀部收紧，双脚分开略宽于肩，脚尖指向外侧45°。

蹬地跳离地面时呼气

腰背挺直，屈膝屈髋下蹲

双腿迅速发力蹬地跳起

伸髋、伸膝、伸踝，双腿伸直分开

❷ 俯身接近90°，腰背呈平直状态，同时屈膝下蹲，使大腿几乎平行于地面，大小腿之间呈90°，双臂置于双脚之间，自然下垂，手指尖轻轻触地。

❸ 双腿迅速发力蹬地，跳离地面，腾空过程中身体完全伸展，双腿伸直，双腿分开，双臂伸直在身体前方。下落阶段，落地时注意屈膝、屈髋缓冲。

训练计划使用方法

相对于前面的计划，本计划强度稍高一些，循序渐进。

1. 热身：进行5min的有氧热身。

2. 正式开始：训练正式开始。

3. 组数：选择3个动作为1组，每组动作完成20s，循环完成6~8次，组间休息10s。

4. 时间：整个训练控制在3~4min以内。

5. 拉伸：训练结束后，注意拉伸。

训练计划2

时间	周一	周二	周三	周四	周五	周六	周日
动作名称	立卧撑 简化俯卧撑 肘碰膝－卷腹	休息	立卧撑 简化俯卧撑 肘碰膝－卷腹	休息	立卧撑 简化俯卧撑 肘碰膝－卷腹	休息	休息
组/次数	6组		7组		8组		
间歇	休息10s		休息10s		慢走10s		
运动时间	3min		3.5min		4min		
运动强度 （ VO_{2max} ）	95%		100%		105%		
主观用力感觉	18		19		20		

立卧撑

扫一扫 看视频

训练目标

- 灵活性

目标肌肉

- 核心肌群、臀大肌、股四头肌、腘绳肌

要点

- 手撑地时，身体呈一条直线。

不适合人群

- 肩关节不适
- 腕关节不适
- 膝关节不适
- 髋关节不适

身体挺直，收紧臀部

全程均匀呼吸

❶ 双脚平行站立，略宽于肩，脚尖朝前，双腿伸直，臀部收紧，挺胸抬头，目视前方，下颌收紧，双臂自然下垂。

身体呈一条直线

❷ 俯身、半蹲，双手撑地与肩同宽，一侧腿向后伸至最远端，脚尖撑地；另一侧腿向后伸至最远端，脚尖撑地，此时身体呈一条直线，呈平板支撑姿势。

核心收紧，两腿交替进行

❸ 一侧腿屈膝屈髋至胸前，换另一侧腿屈膝屈髋至胸前。呈半蹲姿势，双手离开地面，站起，回到起始姿势。重复规定的次数。

简化俯卧撑

扫一扫 看视频

身体呈一条直线

推起时呼气，下降时吸气

训练目标
- 力量

目标肌肉
- 胸大肌、肱三头肌、核心肌群

要点
- 保持核心收紧，腰背挺直。
- 整个动作过程中稳定身体核心。

不适合人群
- 肩关节不适
- 肘关节不适
- 腕关节不适

❶ 四肢支撑在垫子上，挺直躯干，双臂双脚伸直同肩宽，双臂与地面垂直，脚尖着地。

双膝撑地

胸部贴地

❷ 躯干保持稳定，弯曲手臂使身体垂直向下，胸部贴到地面。屈膝90°，改为双膝撑地。

撑起身体

核心收紧

❸ 伸肘发力、撑起身体，整体向上的动作过程中上身躯干保持中立位，收紧核心、保持躯干稳定。重复相同的动作，完成规定的次数。

肘碰膝-卷腹

训练目标
- 力量

目标肌肉
- 腹直肌、腹外斜肌、腹内斜肌

要点
- 注意利用腹肌发力，而非颈部。

不适合人群
- 颈部不适

① 平躺在垫上，一条腿弯曲，全脚掌着地，将另一侧脚搭在弯曲腿的膝盖上。双手在头部两侧轻扶住耳朵，后背和肩膀贴在地面上。

肘部与对侧膝盖相接触

卷腹发力时呼气，放松恢复原位时吸气

② 腹肌发力卷腹，带动肩部及上肢向腿部移动，同时躯干向外展腿的一侧旋转，用对侧手臂肘部触碰外展腿的膝盖，这个过程中呼气。然后缓慢回到起始位置并吸气。重复以上步骤至规定的次数。

训练计划使用方法

相对于前面的计划，这个强度稍高一些，循序渐进。

1. 热身：进行5min的有氧热身。

2. 正式开始：训练正式开始。

3. 组数：选择4个动作为1组，每组动作完成20s，循环完成6~8次，组间休息10s。

4. 时间：整个训练控制在3~4min以内。

5. 拉伸：训练结束后，注意拉伸。

训练计划3

时间	周一	周二	周三	周四	周五	周六	周日
动作名称	多方向弓箭步 四方向－跳跃 提膝跳 俯卧登山跑	休息	多方向弓箭步 四方向－跳跃 提膝跳 俯卧登山跑	休息	多方向弓箭步 四方向－跳跃 提膝跳 俯卧登山跑	休息	休息
组/次数	6组		7组		8组		
间歇	休息10s		休息10s		慢走10s		
运动时间	3min		3.5min		4min		
运动强度 （ VO_{2max} ）	95%		100%		105%		
主观用力感觉	18		19		20		

多方向弓箭步

训练目标
- 力量

目标肌肉
- 股四头肌、臀大肌、腘绳肌、腓肠肌、比目鱼肌

要点
- 注意弓箭步时前腿的膝关节应与脚尖的方向一致。

不适合人群
- 髋关节不适
- 膝关节不适
- 踝关节不知

① 双脚平行站立，脚尖朝前，双腿伸直，臀部收紧，挺胸抬头，目视前方，下颌收紧，双手自然下垂。

② 双手握拳，双臂同时屈臂，快速摆至胸前；同时一侧腿向正前方跨出一大步，呈弓箭步姿势，膝盖和脚尖方向一致，小腿垂直于地面，大小腿折叠角度为90°，身体重心在两腿之间。一侧腿向后蹬地发力，回到起始姿势。

③ 一侧脚向同侧上方45°方向做出同样的弓箭步动作，身体仍面向前方，再回到起始姿势。

④ 一侧腿向同侧，做出侧向弓箭步，这侧腿下蹲至最低点时，膝盖尽量不超过脚尖，并与脚尖方向一致，再回到起始姿势。

⑤ 这侧腿向同侧后45°方向做出同样的弓箭步动作，身体与膝盖的方向一致，再回到起始姿势。

⑥ 这侧腿向正后方向后退一步，此时左腿在前呈步骤2一样的弓箭步姿势。回到起始姿势，以此类推、循环反复，右侧腿做完五个方向后，换左侧进行，完成规定的次数。

四方向－跳跃

扫一扫 看视频

❶ 身体呈站立姿态，双脚并拢，腹部收紧，挺直背部，双手叉腰。

训练目标
- 敏捷性

目标肌肉
- 股四头肌、腘绳肌、小腿肌群

要点
- 全程保持核心收紧，背部挺直。

不适合人群
- 膝关节不适
- 踝关节不适

全程均匀呼吸

向左跳跃

向右跳跃

❷ 双膝微屈，双腿同时分别向前左后右四个方向跳一步。

❸ 重复以上步骤至规定的次数。

俯卧登山跑

扫一扫 看视频

全程保持均匀呼吸

❶ 呈俯身姿势，四肢支撑在垫子上，挺直躯干，双臂伸直同肩宽，垂直于地面。双脚分开，与肩同宽，脚尖着地。

❷ 屈膝屈髋将一侧腿移至胸前，另一侧腿脚尖撑地，保持身体重心稳定。

❸ 恢复起始姿势，两侧交替进行，完成规定的次数。

训练目标
- 爆发力、力量

目标肌肉
- 全身肌肉

要点
- 核心收紧，快速交换支撑脚时，身体保持一条直线。

不适合人群
- 肩关节不适
- 肘关节不适
- 腕关节不适
- 髋关节不适
- 膝关节不适
- 踝关节不适

中级训练计划

　　Tabata法HIIT中级训练计划中的每一次的训练难度都会增加，可以不断地挑战我们的身体极限。不过最重要的还是在训练前后要完成相应的热身和拉伸。

训练计划使用方法

　　1. 热身：进行5min的有氧热身。

　　2. 正式开始：训练正式开始。

　　3. 组数：选择4个动作为1组，每组动作的运动时间为20s，循环完成6~8组，组间休息10s。

　　4. 时间：整个训练的运动时间为3~4min。

　　5. 拉伸：训练结束后，注意拉伸。

训练计划1

时间	周一	周二	周三	周四	周五	周六	周日
动作名称	开合深蹲跳 仰卧 - 直腿旋转 高抬腿 俯卧撑爬坡	休息	开合深蹲跳 仰卧 - 直腿旋转 高抬腿 俯卧撑爬坡	休息	开合深蹲跳 仰卧 - 直腿旋转 高抬腿 俯卧撑爬坡	休息	休息
组/次数	6组		7组		8组		
间歇	休息10s		休息10s		慢走10s		
运动时间	3min		3.5min		4min		
运动强度（VO_{2max}）	95%		100%		105%		
主观用力感觉	18		19		20		

仰卧－直腿旋转

全程核心收紧

① 在垫子上呈仰卧姿势，双腿伸直且并拢，双手掌心向下放在身体两侧。

保持动作的协调与连贯

保持膝关节伸直

腹部发力

下降时呼气，还原时吸气

②-④ 双腿同时抬举至与地面垂直，同时双手在身体两侧伸开，以稳定身体。保持膝关节伸直，腹部发力，使双腿同时向身体一侧下降，直至腿部与地面呈45°。然后双腿回到伸向天花板的姿势，再向身体另一侧下降，直至与地面呈45°。左右交替重复至规定次数，回到起始姿势。

训练目标
- 力量

目标肌肉
- 竖脊肌、腹直肌、腹外斜肌、腹内斜肌

要点
- 全程保持核心收紧，膝盖尽量伸直。
- 保持动作协调与连贯。
- 肩部不要离开垫子。

不适合人群
- 脊柱不适

俯卧撑爬坡

扫一扫 看视频

身体呈一条直线

全程均匀呼吸

① 俯身，四肢支撑在垫子上，挺直躯干，双臂、双脚伸直且间距同肩宽或略宽于肩，脚尖着地，双臂垂直于地面。

训练目标
- 稳定性、力量

目标肌肉
- 胸大肌、肱三头肌、核心肌群

要点
- 保持核心收紧，躯干挺直。
- 整个动作过程中，保持身体重心稳定。

不适合人群
- 肩关节不适
- 肘关节不适
- 腕关节不适
- 髋关节不适
- 膝关节不适
- 踝关节不适

快速屈髋屈膝

② 保持身体重心稳定，肢体持续用力，快速屈髋屈膝，将一侧腿抬至胸前，再恢复到起始姿势，双腿交替进行。

胸大肌发力，撑起身子

屈肘，使身体向下，整体贴近垫子

③ 左右交替进行一次后，屈肘，使身体向下，整体贴近垫子，胸大肌发力，撑起身体，做一次俯卧撑。重复以上步骤至规定的次数。

训练计划使用方法

相对于前面的计划，本计划强度稍高一些，循序渐进。

1. 热身：进行5min的有氧热身。

2. 正式开始：训练正式开始。

3. 组数：选择4个动作为1组，每组动作的运动时间为20s，循环完成6~8组，组间休息10s。

4. 时间：整个训练的运动时间为3~4min。

5. 拉伸：训练结束后，注意拉伸。

训练计划2

时间	周一	周二	周三	周四	周五	周六	周日
动作名称	踮脚 - 蹲跳 俯身 - 开合抬腿 深蹲 - 踢臀跳 动态 - 平板支撑	休息	踮脚 - 蹲跳 俯身 - 开合抬腿 深蹲 - 踢臀跳 动态 - 平板支撑	休息	踮脚 - 蹲跳 俯身 - 开合抬腿 深蹲 - 踢臀跳 动态 - 平板支撑	休息	休息
组/次数	6组		7组		8组		
间歇	休息10s		休息10s		慢走10s		
运动时间	3min		3.5min		4min		
运动强度（VO_{2max}）	95%		100%		105%		
主观用力感觉	18		19		20		

俯身－开合抬腿

身体呈一条直线

① 俯身，四肢支撑在垫子上，挺直躯干，双臂伸直与肩同宽，垂直于地面，双腿并拢，脚尖着地。

训练目标
- 力量

目标肌肉
- 腹直肌、臀大肌、髋外展肌群与内收肌群

要点
- 动作过程躯干始终保持挺直。

不适合人群
- 肩关节不适
- 肘关节不适
- 腕关节不适
- 髋关节不适

②～④ 身体呈一条直线，腹部收紧。臀部收缩，抬起一侧腿，回到初始姿势并抬起另一侧腿。然后进行双腿开合跳。重复规定的次数。

腹部和臀部收紧

双腿做一次开合跳

全程均匀呼吸

深蹲 – 踢臀跳

扫一扫 看视频

背部挺直 ----

膝盖不要超过脚尖

训练目标

- 爆发力、力量

目标肌肉

- 股四头肌、腘绳肌、小腿肌群、臀部肌群

要点

- 全程保持核心收紧，背部挺直。
- 呈半蹲姿势时膝盖不要超过脚尖。

不适合人群

- 膝关节不适
- 髋关节不适
- 踝关节不适

❶ 双脚开立略宽于肩，屈膝下蹲，使身体呈半蹲姿势，膝盖不要超过脚尖，双臂屈肘握拳，举至胸前。

❷ 下肢肌肉发力向上跳起，腾空时脚跟尽量踢向臀部然后落地，回到起始姿势。重复以上步骤至规定的次数。

全程核心收紧

脚跟尽量踢到臀部

下肢肌肉发力向上跳起

动态－平板支撑

扫一扫 看视频

身体呈一条直线

训练目标
- 力量

目标肌肉
- 核心肌群、肱三头肌

要点
- 动作过程躯干始终保持挺直。
- 全程保持身体平衡。

不适合人群
- 肘关节不适
- 肩关节不适
- 腕关节不适

① 俯身，四肢支撑在垫子上，挺直躯干，双臂伸直与肩同宽且垂直于地面，双腿分立，脚尖着地。

一侧肘关节支撑
在垫子上

腹部收紧

全程均匀呼吸

② 身体呈一条直线，腹部收紧。先屈一条手臂使肘关节支撑在垫子上，再屈另一条手臂使肘关节支撑在垫子上，然后依次恢复起始姿势。重复规定的次数。

训练计划使用方法

相对于前面的计划，本计划强度更高一些，循序渐进。

1. 热身：进行5min的有氧热身。

2. 正式开始：训练正式开始。

3. 组数：选择4个动作为1组，每组动作的运动时间为20s，循环完成6~8组，组间休息10s。

4. 时间：整个训练的运动时间为3~4min。

5. 拉伸：训练结束后，注意拉伸。

训练计划3

时间	周一	周二	周三	周四	周五	周六	周日
动作名称	深蹲－侧抬腿 深蹲－提膝后摆 窄距－俯卧撑 深蹲－提膝－左右转肩	休息	深蹲－侧抬腿 深蹲－提膝后摆 窄距－俯卧撑 深蹲－提膝－左右转肩	休息	深蹲－侧抬腿 深蹲－提膝后摆 窄距－俯卧撑 深蹲－提膝－左右转肩	休息	休息
组/次数	6组		7组		8组		
间歇	休息10s		休息10s		慢走10s		
运动时间	3min		3.5min		4min		
运动强度（VO_{2max}）	95%		100%		105%		
主观用力感觉	18		19		20		

深蹲-侧抬腿

扫一扫 看视频

❷ 双臂屈肘，两拳相对，放置于胸前，然后屈膝下蹲，直至大腿与地面接近平行。

- - - 两拳相对

下蹲时吸气

❶ 抬头挺胸，目视前方，收紧下颌，双臂自然下垂，双腿伸直，臀部收紧，双脚分开与肩同宽或略宽于肩。

训练目标

- 力量、灵活性

目标肌肉

- 股四头肌、臀大肌、臀中肌、腘绳肌

要点

- 后背挺直，核心收紧，保持抬头挺胸。
- 下蹲时，脚跟不要离开地面。

不适合人群

- 髋关节不适
- 膝关节不适
- 踝关节不适

站起时呼气

后背挺直，
核心收紧 - - -

快速站起，
大腿外展 - - -

❸ 快速站起，大腿外展。换另一侧重复上述动作。

深蹲－提膝后摆

训练目标
- 力量、灵活性

目标肌肉
- 臀大肌、股四头肌、腘绳肌、腓肠肌、比目鱼肌、胫骨前肌

要点
- 后背挺直，核心收紧，保持抬头挺胸。
- 支撑腿全程伸直，身体站稳，躯干保持稳定。

不适合人群
- 髋关节不适
- 膝关节不适
- 踝关节不适

❶ 抬头挺胸，目视前方，收紧下颌，双手叉腰，双腿伸直，臀部收紧，双脚分开与肩同宽或略宽于肩。

❷ 手臂动作不变，背部平直，腿部屈膝下蹲。

快速站起

提膝上抬

前腿伸髋向身体后方摆动

❸ 快速站起后，抬起一侧腿并屈膝，保持大腿与地面平行，脚部背屈，注意膝盖和脚尖方向一致，大小腿之间角度为90°。

❹ 之后，前腿做伸髋动作，向身体后方摆动、伸展，但膝关节角度不变。恢复起始姿势，双腿交替进行，重复规定的次数。

窄距-俯卧撑

扫一扫 看视频

身体呈一条直线

训练目标
- 力量

目标肌肉
- 胸大肌、肱三头肌、核心肌群

要点
- 全程保持核心收紧，躯干挺直。

不适合人群
- 肩关节不适
- 肘关节不适
- 腕关节不适

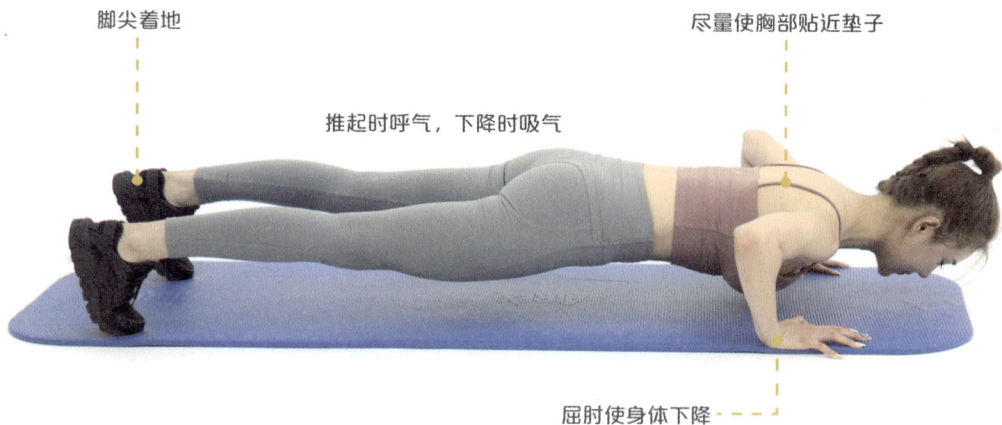

❶ 俯身，四肢支撑在垫子上，挺直躯干。双臂伸直，间距同肩宽，垂直于地面。双腿分开，脚尖着地。

脚尖着地

尽量使胸部贴近垫子

推起时呼气，下降时吸气

屈肘使身体下降

❷ 躯干保持挺直，屈肘使身体下降至胸部贴近垫子，同时吸气。然后快速将手臂伸直撑起身体，恢复到起始位置，此过程呼气。重复以上步骤至规定的次数。

深蹲－提膝－左右转肩

扫一扫 看视频

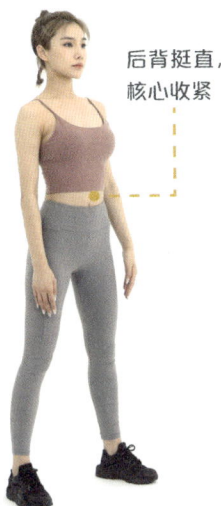

后背挺直，
核心收紧

两臂前屈

训练目标

- 力量、灵活性

目标肌肉

- 股四头肌、臀大肌、腘绳肌、腓肠肌、比目鱼肌、胫骨前肌

要点

- 后背挺直，核心收紧，保持抬头挺胸。
- 支撑腿全程伸直，身体站稳。
- 旋转时，躯干保持垂直，不能前后倾斜、左右摇晃或摆动。

不适合人群

- 髋关节不适
- 膝关节不适
- 踝关节不适

1 抬头挺胸，目视前方，收紧下颌，双臂自然下垂，双腿伸直，臀部收紧，双脚分开与肩同宽或略宽于肩。

2 两臂前屈，双手握紧，大臂与小臂保持90°，位于胸前。身体屈膝下蹲，直至大腿与地面处于平行状态。

躯干保持垂直旋转

抬起一侧腿，屈膝
屈髋90°

下蹲时吸气，站起、
提膝和转肩时呼气

3 快速站起，紧接着抬起一侧腿，屈膝屈髋，保持大腿与地面平行的状态，膝盖与脚尖朝向一致，大小腿之间夹角为90°。两臂展开，位于身体两侧，头部、肩与躯干一同向抬腿方向旋转。换另一侧重复上述步骤。

高级训练计划

Tabata法HIIT高级训练计划中的动作难度较大，在训练前一定要确认身体是否能够承受，若不能承受，可适当减小动作幅度来进行训练。

训练计划使用方法

相对于前面的计划，本计划强度更高一些，需循序渐进。

1. 热身：进行5min的有氧热身。

2. 正式开始：训练正式开始,训练过程中若身体发生严重不适反应，要立即停止。

3. 组数：选择3~4个动作为1组，每组动作的运动时间为20s，循环完成6~8组，组间休息10s。

4. 时间：整个训练的运动时间为3~4min。

5. 拉伸：训练结束后，注意拉伸。

训练计划1

时间	周一	周二	周三	周四	周五	周六	周日
动作名称	移动平板支撑 爆发式俯卧撑 站姿－转体－膝碰肘 俯卧－对侧手脚抬起	休息	移动平板支撑 爆发式俯卧撑 站姿－转体－膝碰肘 俯卧－对侧手脚抬起	休息	移动平板支撑 爆发式俯卧撑 站姿－转体－膝碰肘 俯卧－对侧手脚抬起	休息	休息
组/次数	6组		7组		8组		
间歇	休息10s		休息10s		慢走10s		
运动时间	3min		3.5min		4min		
运动强度（VO_{2max}）	95%		100%		105%		
主观用力感觉	18		19		20		

移动平板支撑

扫一扫 看视频

脚尖着地

身体呈一条直线

全程均匀呼吸

❶ 俯身，四肢支撑在垫子上，挺直躯干。双臂伸直，与肩同宽，垂直于地面，双腿并拢，脚尖着地。

训练目标
- 力量

目标肌肉
- 腹直肌

要点
- 身体保持稳定，全程保持核心收紧。

不适合人群
- 肩关节不适
- 腕关节不适
- 髋关节不适

手部向外侧平移

❷ 核心收紧，腰背挺直，一侧手向外侧平移，然后回到原位。然后另一侧手向外侧平移，然后回到原位。重复以上步骤至规定的次数。

爆发式俯卧撑

背部平直

推起时呼气，下降时吸气

❶ 双膝撑地，足背贴于垫子，上身前倾，核心收紧，双手撑地。

训练目标
- 爆发力、力量

目标肌肉
- 胸大肌、肱三头肌

要点
- 推起身体时，速度越快越好。
- 核心收紧。

不适合人群
- 肩关节不适
- 肘关节不适
- 腕关节不适

胸部贴向垫子

❷ 躯干保持稳定，屈肘使身体垂直、缓慢向下，胸部贴向垫子。

头部和脊柱
保持中立位

快速伸肘发力
推起身体

❸ 快速伸肘发力推起身体，远离垫子，身体被推得越高越好，整个向上的动作
过程中头部和脊柱保持中立位，核心收紧，躯干挺直。双手落地后可弯曲缓
冲，回到起始姿势。重复以上步骤至规定的次数。

站姿-转体-膝碰肘

全程保持核心收紧

训练目标
- 力量

目标肌肉
- 腹直肌、股四头肌、髂腰肌、腹外斜肌、腹内斜肌

要点
- 全程保持核心收紧。
- 注意保持平衡。

不适合人群
- 膝关节不适
- 颈部不适

❶ 抬头目视前方，收紧下颌，双手轻扶在头后，双腿伸直，臀部收紧，双脚分开与肩同宽或略宽于肩。

腹肌发力使躯干向身体一侧旋转并向下弯曲

触碰时呼气，还原时吸气

注意保持身体平衡

屈髋屈膝与对侧肘关节触碰

❷ 腹肌发力使躯干向身体一侧旋转并向下弯曲，同时运动方向侧腿屈髋屈膝与对侧肘关节触碰，然后回到起始姿势。换至另一侧重复上述步骤至规定的次数。

俯卧－对侧手脚抬起

扫一扫 看视频

手臂伸直
举过头顶

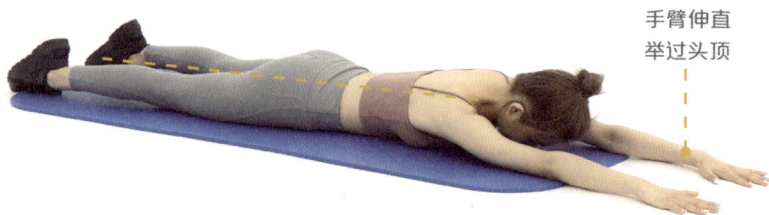

❶ 俯卧在垫子上，双腿伸直与肩同宽，双臂伸直举过头顶。

抬起一侧手臂
和对侧腿

核心收紧

抬高四肢时呼气，还原时吸气

❷ 保持身体重心的稳定，分别抬起对侧的一条手臂和腿，保持一定时间后，恢复起始的姿势，换至对侧重复以上步骤。重复规定的次数。

训练计划使用方法

相对于前面的计划，本计划强度更高一些，循序渐进。

1. 热身：进行5min的有氧热身。

2. 正式开始：训练正式开始，训练过程中若身体发生严重不适反应，要立即停止。

3. 组数：选择3~4个动作为1组，每组动作的运动时间为20s，循环完成6~8组，组间休息10s。

4. 时间：整个训练的运动时间为3~4min。

5. 拉伸：训练结束后，注意拉伸。

训练计划2

时间	周一	周二	周三	周四	周五	周六	周日
动作名称	侧平板支撑－蚌式开合 俯卧－腿后伸 俯撑－抬臀 俯卧撑转体		侧平板支撑－蚌式开合 俯卧－腿后伸 俯撑－抬臀 俯卧撑转体		侧平板支撑－蚌式开合 俯卧－腿后伸 俯撑－抬臀 俯卧撑转体		
组/次数	6组		7组		8组		
间歇	休息10s	休息	休息10s	休息	慢走10s	休息	休息
运动时间	3min		3.5min		4min		
运动强度（ VO_{2max} ）	95%		100%		105%		
主观用力感觉	18		19		20		

侧平板支撑－蚌式开合

扫一扫 看视频

肘关节撑起身体

训练目标
- 力量

目标肌肉
- 臀中肌、阔筋膜张肌、核心肌群

要点
- 动作过程中始终保持骨盆向前。

不适合人群
- 肩关节不适
- 肘关节不适
- 髋关节不适

❶ 屈膝侧撑在垫子上，使足跟、臀部和躯干保持在一个平面。再用一侧手臂的肘关节将身体撑起，使身体保持中立位。

过程中，始终保持骨盆向前

髋部发力

❷ 核心收紧，将臀部抬起，用小臂、小腿支撑身体。

髋外旋时呼气，还原时吸气

❸ 髋部发力，上侧腿外旋至最大幅度。恢复到准备姿势后，重复规定的次数。换对侧重复上述动作。

俯卧撑转体

扫一扫 看视频

身体呈一条直线

全程均匀呼吸

1 呈俯卧撑姿势，双手与肩同宽撑在垫子上，手臂伸直，核心收紧，身体呈一条直线，双脚脚尖撑地，间距同肩宽。

屈肘向下，胸部几乎贴近垫子

2 手臂弯曲，使身体缓慢向下，直至几乎贴近垫子，完成一次俯卧撑，回到起始姿势。

训练目标
- 稳定性、力量

目标肌肉
- 胸大肌、肱三头肌、核心肌群

要点
- 体会核心收紧，躯干保持稳定。

不适合人群
- 肩关节不适
- 肘关节不适
- 腕关节不适

同侧手顺势抬起

躯干慢慢向一侧旋转

3 核心保持稳定，躯干慢慢向一侧旋转，同侧手顺势抬起，向天花板伸展，并且眼睛看着抬起侧的手，再回到起始姿势。两侧交替进行，完成规定的次数。

175

训练计划使用方法

相对于前面的计划，本计划强度更高一些，需循序渐进。

1. 热身：进行5min的有氧热身。

2. 正式开始：训练正式开始，训练过程中若身体发生严重不适反应，要立即停止。

3. 组数：选择3~4个动作为1组，每组动作的运动时间为20s，循环完成6~8组，组间休息10s。

4. 时间：整个训练的运动时间为3~4min。

5. 拉伸：训练结束后，注意拉伸。

训练计划3

时间	周一	周二	周三	周四	周五	周六	周日
动作名称	俯卧－后伸腿 俯撑侧抬腿 俯卧－腿弯举 宽距－深蹲跳－外展腿部	休息	俯卧－后伸腿 俯撑侧抬腿 俯卧－腿弯举 宽距－深蹲跳－外展腿部	休息	俯卧－后伸腿 俯撑侧抬腿 俯卧－腿弯举 宽距－深蹲跳－外展腿部	休息	休息
组/次数	6组		7组		8组		
间歇	休息10s		休息10s		慢走10s		
运动时间	3min		3.5min		4min		
运动强度（VO_{2max}）	95%		100%		105%		
主观用力感觉	18		19		20		

176

俯撑侧抬腿

扫一扫 看视频

全程均匀呼吸

① 俯身，四肢支撑在垫子上，挺直躯干。双臂伸直，与肩同宽，垂直于地面。双脚脚尖撑地。

训练目标
- 力量

目标肌肉
- 臀大肌、腘绳肌、核心肌群

要点
- 核心收紧，躯干保持稳定。
- 下肢移动的过程中，保持单腿的稳定支撑。

不适合人群
- 肩关节不适
- 肘关节不适
- 腕关节不适
- 髋关节不适

注意保持单腿支撑平衡

② 核心收紧，保持骨盆稳定，一侧膝关节抬向体侧，尽力去够同侧肘关节，回到起始姿势，换对侧进行。重复规定的次数。

俯卧 - 腿弯举

扫一扫 看视频

训练目标
- 力量

目标肌肉
- 腘绳肌

要点
- 重点体会腘绳肌的收缩发力。

不适合人群
- 膝关节不适

全程均匀呼吸

双手置于额头正下方

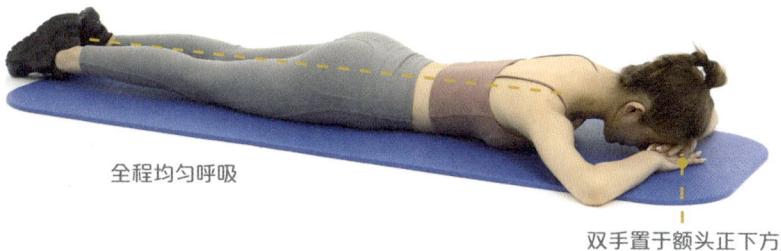

① 俯卧在垫子上，躯干保持中立位，双手放松，置于额头正下方。

双腿同时屈膝弯至最大幅度

躯干保持稳定，核心收紧

② 躯干保持稳定，核心收紧，两腿同时屈膝弯至最大幅度，后脚跟尽量靠近臀部。保持该姿势至规定的时间，回到起始姿势。重复规定的次数。

宽距－深蹲跳－外展腿部

腰背挺直

1 身体呈站立姿势，双手叉腰，双脚分开，间距约为肩宽的2倍，脚尖指向外45°。

上跳时呼气，下蹲时吸气

训练目标
- 力量

目标肌肉
- 臀大肌、臀中肌、股四头肌、腘绳肌、腓肠肌、比目鱼肌

要点
- 全程核心收紧，挺直腰背。
- 跳得尽量高一些。

不适合人群
- 髋关节不适
- 膝关节不适
- 踝关节不适

2 保持膝的方向与脚尖一致，屈髋屈膝，下蹲至大腿与地面平行。

下肢发力向上跳

双腿向两侧展开

落地屈髋屈膝

大腿与地面平行

3 下肢蹬地上跳，腾空时，双腿伸直向两侧展开至最大幅度。

4 落地的同时屈髋屈膝，下蹲至大腿与地面平行。重复以上步骤至规定的次数。

附录

· 训练计划表

训练计划表

时间	周一	周二	周三	周四	周五	周六	周日
动作名称	高抬腿 肘触膝 防守侧滑步 俯卧-侧抬腿		高抬腿 肘触膝 防守侧滑步 俯卧-侧抬腿		高抬腿 肘触膝 防守侧滑步 俯卧-侧抬腿		
组/次数	3组		4组		5组		
间歇	休息3min	休息	休息3min	休息	慢走3min	休息	休息
运动时间	9~12min		12~16min		15~20min		
运动强度（VO$_{2max}$）	85%		90%		95%		
主观用力感觉	16		17		18		

经典HIIT计划　　初级训练计划2

时间	周一	周二	周三	周四	周五	周六	周日
动作名称	高抬腿触地 登山者 火箭跳 侧向－跳跃		高抬腿触地 登山者 火箭跳 侧向－跳跃		高抬腿触地 登山者 火箭跳 侧向－跳跃		
组／次数	3 组		4 组		5 组		
间歇	休息 3min	休息	休息 3min	休息	慢走 3min	休息	休息
运动时间	9~12min		12~16min		15~20min		
运动强度 （VO_{2max}）	85%		90%		95%		
主观用力感觉	16		17		18		

经典HIIT计划 初级训练计划3

时间	周一	周二	周三	周四	周五	周六	周日
动作名称	高抬腿跳绳 俯卧－腿后伸 开合跳 侧向蹬腿跳		高抬腿跳绳 俯卧－腿后伸 开合跳 侧向蹬腿跳		高抬腿跳绳 俯卧－腿后伸 开合跳 侧向蹬腿跳		
组/次数	3组		4组		5组		
间歇	休息 3min	休息	休息 3min	休息	慢走 3min	休息	休息
运动时间	9~12min		12~16min		15~20min		
运动强度 （VO$_{2max}$）	85%		90%		95%		
主观用力感觉	16		17		18		

经典HIIT计划

中级训练计划1

时间	周一	周二	周三	周四	周五	周六	周日
动作名称	简化波比收腹跳 四分之一蹲－平移跳 弓步蹲跳 宽窄距－深蹲跳	休息	简化波比收腹跳 四分之一蹲－平移跳 弓步蹲跳 宽窄距－深蹲跳	休息	简化波比收腹跳 四分之一蹲－平移跳 弓步蹲跳 宽窄距－深蹲跳	休息	休息
组/次数	3组		4组		5组		
间歇	休息3min		休息3min		慢走3min		
运动时间	9~12min		12~16min		15~20min		
运动强度（VO_{2max}）	85%		90%		95%		
主观用力感觉	16		17		18		

经典HIIT计划

中级训练计划2

时间	周一	周二	周三	周四	周五	周六	周日
动作名称	双腿-踢臀跳 俯卧-后伸腿 弓步蹲提膝 屈膝跳	休息	双腿-踢臀跳 俯卧-后伸腿 弓步蹲提膝 屈膝跳	休息	双腿-踢臀跳 俯卧-后伸腿 弓步蹲提膝 屈膝跳	休息	休息
组/次数	3组		4组		5组		
间歇	休息3min		休息3min		慢走3min		
运动时间	9~12min		12~16min		15~20min		
运动强度 (VO_{2max})	85%		90%		95%		
主观用力感觉	16		17		18		

经典HIIT计划

中级训练计划3

时间	周一	周二	周三	周四	周五	周六	周日
动作名称	弓步蹲前踢 弓步跳接开脚跳 纵跳－收腿	休息	弓步蹲前踢 弓步跳接开脚跳 纵跳－收腿	休息	弓步蹲前踢 弓步跳接开脚跳 纵跳－收腿	休息	休息
组/次数	3组		4组		5组		
间歇	休息 3min		休息 3min		慢走 3min		
运动时间	9~12min		12~16min		15~20min		
运动强度 （VO_{2max}）	85%		90%		95%		
主观用力感觉	16		17		18		

经典HIIT计划　高级训练计划1

时间	周一	周二	周三	周四	周五	周六	周日
动作名称	单腿－踢臀跳 交替－前踢跳 立定跳远 俯撑－抬臀	休息	单腿－踢臀跳 交替－前踢跳 立定跳远 俯撑－抬臀	休息	单腿－踢臀跳 交替－前踢跳 立定跳远 俯撑－抬臀	休息	休息
组/次数	3组		4组		5组		
间歇	休息3min		休息3min		慢走3min		
运动时间	9~12min		12~16min		15~20min		
运动强度 （VO$_{2max}$）	85%		90%		95%		
主观用力感觉	16		17		18		

经典HIIT计划　高级训练计划2

时间	周一	周二	周三	周四	周五	周六	周日
动作名称	缓冲深蹲跳 屈膝跳 纵跳 – 收腿 站姿 – 侧抬腿	休息	宽窄距 – 深蹲跳 屈膝跳 纵跳 – 收腿 站姿 – 侧抬腿	休息	开合深蹲跳 屈膝跳 纵跳 – 收腿 站姿 – 侧抬腿	休息	休息
组 / 次数	3 组		4 组		5 组		
间歇	休息 3min		休息 3min		慢走 3min		
运动时间	9~12min		12~16min		15~20min		
运动强度 (VO_{2max})	85%		90%		95%		
主观用力感觉	16		17		18		

188

经典HIIT计划

高级训练计划3

时间	周一	周二	周三	周四	周五	周六	周日
动作名称	开合深蹲跳 垂直－登山 侧向－跳跃 简化波比登山跑	休息	开合深蹲跳 垂直－登山 侧向－跳跃 简化波比登山跑	休息	开合深蹲跳 垂直－登山 侧向－跳跃 简化波比登山跑	休息	休息
组／次数	3 组		4 组		5 组		
间歇	休息 3min		休息 3min		慢走 3min		
运动时间	9~12min		12~16min		15~20min		
运动强度 （VO$_{2max}$）	85%		90%		95%		
主观用力感觉	16		17		18		

反复冲刺型HIIT计划

初级训练计划1

时间	周一	周二	周三	周四	周五	周六	周日
动作名称	简化波比跳 踮脚 – 蹲跳 交替前弓步		简化波比跳 踮脚 – 蹲跳 交替前弓步		简化波比跳 踮脚 – 蹲跳 交替前弓步		
组/次数	20 组		25 组		30 组		
间歇	休息 9s		休息 12s		慢走 15s		
运动时间	2min	休息	4min	休息	6min	休息	休息
运动强度 （VO$_{2max}$）	90%		95%		100%		
主观用力感觉	17		18		19		

反复冲刺型HIIT计划　初级训练计划2

时间	周一	周二	周三	周四	周五	周六	周日
动作名称	跳绳 侧向蹬腿跳 开合跳 俯身-跨步登山	休息	跳绳 侧向蹬腿跳 开合跳 俯身-跨步登山	休息	跳绳 侧向蹬腿跳 开合跳 俯身-跨步登山	休息	休息
组/次数	20组		25组		30组		
间歇	休息9s		休息12s		慢走15s		
运动时间	2min		4min		6min		
运动强度（VO_{2max}）	90%		95%		100%		
主观用力感觉	17		18		19		

反复冲刺型HIIT计划

初级训练计划3

时间	周一	周二	周三	周四	周五	周六	周日
动作名称	交替－侧弓步 侧卧－蹬自行车 弓步蹲跳 俯撑－收腿		交替－侧弓步 侧卧－蹬自行车 弓步蹲跳 俯撑－收腿		交替－侧弓步 侧卧－蹬自行车 弓步蹲跳 俯撑－收腿		
组／次数	20 组		25 组		30 组		
间歇	休息 9s	休息	休息 12s	休息	慢走 15s	休息	休息
运动时间	2min		4min		6min		
运动强度 （VO_{2max}）	90%		95%		100%		
主观用力感觉	17		18		19		

反复冲刺型HIIT计划

中级训练计划1

时间	周一	周二	周三	周四	周五	周六	周日
动作名称	简化波比跳 侧卧－髋外展 高抬腿触地 俯身－宽距－收腿		简化波比跳 侧卧－髋外展 高抬腿触地 俯身－宽距－收腿		简化波比跳 侧卧－髋外展 高抬腿触地 俯身－宽距－收腿		
组／次数	25 组		30 组		35 组		
间歇	休息 9s	休息	休息 12s	休息	慢走 15s	休息	休息
运动时间	4min		6min		8min		
运动强度 （VO$_{2max}$）	90%		95%		100%		
主观用力感觉	17		18		19		

反复冲刺型HIIT计划

中级训练计划2

时间	周一	周二	周三	周四	周五	周六	周日
动作名称	屈膝跳 俯身 - 钟摆腿 原地膝碰肘跑 俯撑 - 侧向移动		屈膝跳 俯身 - 钟摆腿 原地膝碰肘跑 俯撑 - 侧向移动		屈膝跳 俯身 - 钟摆腿 原地膝碰肘跑 俯撑 - 侧向移动		
组/次数	25 组		30 组		35 组		
间歇	休息 9s	休息	休息 12s	休息	慢走 15s	休息	休息
运动时间	4min		6min		8min		
运动强度 （VO₂max）	90%		95%		100%		
主观用力感觉	17		18		19		

反复冲刺型HIT计划

中级训练计划3

时间	周一	周二	周三	周四	周五	周六	周日
动作名称	简化波比跳 侧卧-提膝 高抬腿跳绳 侧卧-蹬自行车		简化波比跳 侧卧-提膝 高抬腿跳绳 侧卧-蹬自行车		简化波比跳 侧卧-提膝 高抬腿跳绳 侧卧-蹬自行车		
组/次数	25组	休息	30组	休息	35组	休息	休息
间歇	休息9s		休息12s		慢走15s		
运动时间	4min		6min		8min		
运动强度（VO$_{2max}$）	90%		95%		100%		
主观用力感觉	17		18		19		

反复冲刺型HIIT计划　高级训练计划1

时间	周一	周二	周三	周四	周五	周六	周日
动作名称	纵跳－收腿 侧卧－伸膝髋外展 缓冲深蹲跳 侧卧－直腿抬腿		纵跳－收腿 侧卧－伸膝髋外展 缓冲深蹲跳 侧卧－直腿抬腿		纵跳－收腿 侧卧－伸膝髋外展 缓冲深蹲跳 侧卧－直腿抬腿		
组/次数	30 组		35 组		40 组		
间歇	休息 9s	休息	休息 12s	休息	慢走 15s	休息	休息
运动时间	6min		8min		10min		
运动强度（VO_{2max}）	90%		95%		100%		
主观用力感觉	17		18		19		

反复冲刺型HIIT计划　高级训练计划2

时间	周一	周二	周三	周四	周五	周六	周日
动作名称	交替－斜对角跳跃 收腿俯卧撑 深蹲跳 俯撑－转体摸脚		交替－斜对角跳跃 收腿俯卧撑 深蹲跳 俯撑－转体摸脚		交替－斜对角跳跃 收腿俯卧撑 深蹲跳 俯撑－转体摸脚		
组/次数	30组		35组		40组		
间歇	休息9s	休息	休息12s	休息	慢走15s	休息	休息
运动时间	6min		8min		10min		
运动强度（VO$_{2max}$）	90%		95%		100%		
主观用力感觉	17		18		19		

反复冲刺型HIIT计划 高级训练计划3

时间	周一	周二	周三	周四	周五	周六	周日
动作名称	宽窄距－深蹲跳 收腿俯卧撑 仰卧起跳 侧平板支撑－膝碰肘		宽窄距－深蹲跳 收腿俯卧撑 仰卧起跳 侧平板支撑－膝碰肘		宽窄距－深蹲跳 收腿俯卧撑 仰卧起跳 侧平板支撑－膝碰肘		
组/次数	30 组		35 组		40 组		
间歇	休息 9s	休息	休息 12s	休息	慢走 15s	休息	休息
运动时间	6min		8min		10min		
运动强度 （VO$_{2max}$）	90%		95%		100%		
主观用力感觉	17		18		19		

198

Tabata法HIIT计划   初级训练计划1

时间	周一	周二	周三	周四	周五	周六	周日
动作名称	弓步跳接开脚跳 跪姿－俯冲式－俯卧撑 转体跳跃 跳跃－手触地		弓步跳接开脚跳 跪姿－俯冲式－俯卧撑 转体跳跃 跳跃－手触地		弓步跳接开脚跳 跪姿－俯冲式－俯卧撑 转体跳跃 跳跃－手触地		
组／次数	6 组		7 组		8 组		
间歇	休息 10s	休息	休息 10s	休息	慢走 10s	休息	休息
运动时间	3min		3.5min		4min		
运动强度（VO_{2max}）	95%		100%		105%		
主观用力感觉	18		19		20		

Tabata法HIIT计划　初级训练计划2

时间	周一	周二	周三	周四	周五	周六	周日
动作名称	立卧撑 简化俯卧撑 肘碰膝卷腹		立卧撑 简化俯卧撑 肘碰膝卷腹		立卧撑 简化俯卧撑 肘碰膝卷腹		
组/次数	6组		7组		8组		
间歇	休息10s	休息	休息10s	休息	慢走10s	休息	休息
运动时间	3min		3.5min		4min		
运动强度 （VO_{2max}）	95%		100%		105%		
主观用力感觉	18		19		20		

Tabata法HIIT计划   初级训练计划3

时间	周一	周二	周三	周四	周五	周六	周日
动作名称	多方向弓箭步 四方向－跳跃 提膝跳 俯卧登山跑		多方向弓箭步 四方向－跳跃 提膝跳 俯卧登山跑		多方向弓箭步 四方向－跳跃 提膝跳 俯卧登山跑		
组/次数	6组		7组		8组		
间歇	休息10s	休息	休息10s	休息	慢走10s	休息	休息
运动时间	3min		3.5min		4min		
运动强度 （ VO$_{2max}$ ）	95%		100%		105%		
主观用力感觉	18		19		20		

Tabata法HIIT计划　　中级训练计划1

时间	周一	周二	周三	周四	周五	周六	周日
动作名称	开合深蹲跳 仰卧－直腿旋转 高抬腿 俯卧撑爬坡		开合深蹲跳 仰卧－直腿旋转 高抬腿 俯卧撑爬坡		开合深蹲跳 仰卧－直腿旋转 高抬腿 俯卧撑爬坡		
组／次数	6组		7组		8组		
间歇	休息10s	休息	休息10s	休息	慢走10s	休息	休息
运动时间	3min		3.5min		4min		
运动强度 （VO$_{2max}$）	95%		100%		105%		
主观用力感觉	18		19		20		

Tabata法HIIT计划 中级训练计划2

时间	周一	周二	周三	周四	周五	周六	周日
动作名称	踮脚－蹲跳 俯身－开合抬腿 深蹲－踢臀跳 动态－平板支撑		踮脚－蹲跳 俯身－开合抬腿 深蹲－踢臀跳 动态－平板支撑		踮脚－蹲跳 俯身－开合抬腿 深蹲－踢臀跳 动态－平板支撑		
组／次数	6组		7组		8组		
间歇	休息 10s	休息	休息 10s	休息	慢走 10s	休息	休息
运动时间	3min		3.5min		4min		
运动强度 （VO$_{2max}$）	95%		100%		105%		
主观用力感觉	18		19		20		

Tabata法HIIT计划

中级训练计划3

时间	周一	周二	周三	周四	周五	周六	周日
动作名称	深蹲 – 侧抬腿 深蹲 – 提膝后摆 窄距 – 俯卧撑 深蹲 – 提膝 – 左右转肩		深蹲 – 侧抬腿 深蹲 – 提膝后摆 窄距 – 俯卧撑 深蹲 – 提膝 – 左右转肩		深蹲 – 侧抬腿 深蹲 – 提膝后摆 窄距 – 俯卧撑 深蹲 – 提膝 – 左右转肩		
组 / 次数	6组	休息	7组	休息	8组	休息	休息
间歇	休息 10s		休息 10s		慢走 10s		
运动时间	3min		3.5min		4min		
运动强度 （VO$_{2max}$）	95%		100%		105%		
主观用力感觉	18		19		20		

Tabata法HIIT计划　　高级训练计划1

时间	周一	周二	周三	周四	周五	周六	周日
动作名称	移动平板支撑 爆发式俯卧撑 站姿 – 转体 – 膝碰肘 俯卧 – 对侧手脚抬起		移动平板支撑 爆发式俯卧撑 站姿 – 转体 – 膝碰肘 俯卧 – 对侧手脚抬起		移动平板支撑 爆发式俯卧撑 站姿 – 转体 – 膝碰肘 俯卧 – 对侧手脚抬起		
组/次数	6组		7组		8组		
间歇	休息10s	休息	休息10s	休息	慢走10s	休息	休息
运动时间	3min		3.5min		4min		
运动强度 （VO$_{2max}$）	95%		100%		105%		
主观用力感觉	18		19		20		

205

Tabata法HIIT计划

高级训练计划2

时间	周一	周二	周三	周四	周五	周六	周日
动作名称	侧平板支撑－蚌式开合 俯卧－腿后伸 俯撑－抬臂 俯卧撑转体		侧平板支撑－蚌式开合 俯卧－腿后伸 俯撑－抬臂 俯卧撑转体		侧平板支撑－蚌式开合 俯卧－腿后伸 俯撑－抬臂 俯卧撑转体		
组／次数	6组		7组		8组		
间歇	休息 10s	休息	休息 10s	休息	慢走 10s	休息	休息
运动时间	3min		3.5min		4min		
运动强度 （VO_{2max}）	95%		100%		105%		
主观用力感觉	18		19		20		

Tabata法HIIT计划　高级训练计划3

时间	周一	周二	周三	周四	周五	周六	周日
动作名称	俯卧－后伸腿 俯撑侧抬腿 俯卧－腿弯举 宽距－深蹲跳－外展腿部		俯卧－后伸腿 俯撑侧抬腿 俯卧－腿弯举 宽距－深蹲跳－外展腿部		俯卧－后伸腿 俯撑侧抬腿 俯卧－腿弯举 宽距－深蹲跳－外展腿部		
组/次数	6组		7组		8组		
间歇	休息10s	休息	休息10s	休息	慢走10s	休息	休息
运动时间	3min		3.5min		4min		
运动强度 （VO$_{2max}$）	95%		100%		105%		
主观用力感觉	18		19		20		

作者简介

　　胡恒超，健身教练、资深培训师，国内第一批AASFP私人认证教练；IPTFA私人认证教练；网球ITF认证教练；中国高尔夫球协会CGA认证教练。从事健身培训领域20余年，在从业期间，有超过上万节私教课授课经历，在增肌减肥、客户训练引导、个性化运动方案制定、运动损伤预防与康复领域具有丰富的实践经验。